Das abenteuerliche Leben

des Gunther Plüschow

AF191449

von Rolf Helfert

Neuauflage

2025

Inhalt

2

1. Einleitung

„Die Menschen gehen hinaus in die die Weiten dieser Welt aus unterschiedlichen Gründen. Einige treibt die Liebe zum Abenteuer an, andere der Hunger nach wissenschaftlicher Erkenntnis. Wieder andere werden angezogen von der unerklärlichen Faszination des Unbekannten".

Ernest Henry Shackleton (1874-1922), Antarktis-Forscher

Gunther Plüschow war eine bemerkenswerte Persönlichkeit. Er lebte von 1886 bis 1931 und gehörte vier Jahre lang der Kadettenanstalt in Berlin/Lichterfelde an. Auf dem Lichterfelder Parkfriedhof fand er die letzte Ruhestätte. In Argentinien und Chile ist er fast so berühmt wie Alexander von Humboldt. Auch im eigenen Land war Plüschow seit dem Ersten Weltkrieg jahrzehntelang sehr bekannt, wurde aber später vergessen.

Was ist an Gunther Plüschow so bedeutsam? Er führte erstens ein Leben, das den meisten Menschen im grauen, trüben, langweiligen Alltag verwehrt bleibt und wesentlich die Faszination speist, die viele beeindruckt und auch Plüschows Witwe Isot in ihren Bann schlug. Auf dem Schreibtisch des toten

Ehemannes fand sie die folgenden Utensilien: „ein Logbuch (Schiffstagebuch), einen Marinedolch, Flugkarten, Kompasse, eine zerschmetterte Armbanduhr, Steckbriefe von Scotland Yard, Bilder von Gletschern, Urwäldern, Meeresstürmen, ein geborstenes Steuerrad".

Plüschow erlebte Todesgefahr, Glück und dramatische Unglücksfälle, höchste Not, Ruhm und Niederlagen, die noch den besten Abenteuerroman in den Schatten stellen. Zunächst trat er in die kaiserliche Marine ein, stieg zum Offizier auf, absolvierte 1914 innerhalb weniger Tage eine Ausbildung zum Marineflieger, kam gleich darauf in die deutsche Kolonie Tsingtau, wo er als Aufklärungsflieger – der „Flieger von Tsingtau" - berühmt wurde.

Als die Japaner Tsingtau nach wenigen Monaten eroberten, flüchtete Plüschow und geriet in englische Kriegsgefangenschaft. Als einzigem deutschem Soldaten gelang es ihm während des Ersten Weltkriegs, aus Großbritannien zu entkommen. Manchmal hat er die zerstörerische Sinnleere des Krieges erkannt, solche Zweifel aber wohl verdrängt.

1919 verließ der `Wilhelminer` Plüschow die Armee, weil er die Republik ablehnte. Seit Mitte der 20er-Jahre lebte er als Seemann und Flieger, den die geografische Entdeckung und Forschung begeisterte. Mit einem Segelkutter fuhr der pensionierte Ex-

Offizier nach Südamerika, weil er sich vorgenommen hatte, mittels eines kleinen Flugzeugs den südlichen Teil Lateinamerikas, insbesondere Feuerland, zu erkunden. 1931 starb er bei einem Flugzeugabsturz in Argentinien. In der zweiten Lebenshälfte demonstrierte er, dass man Abenteuerlust und Kühnheit auch sinnvoll und friedlich nutzen kann.

Bisher fehlt eine deutschsprachige Biografie über Plüschow, die wissenschaftlichen Ansprüchen genügt. Die immer noch ausführlichste Biografie stammt aus dem Jahr 1933 und wurde von Isot Plüschow geschrieben. Sie sah in ihrem Mann einen feurigen Abenteurer, der wie in einem „Wikingerlied" den „ewigen Deutschen voller Fernsehnsucht" verkörperte, einen „Pfadfinder ins abenteuerliche Unbekannte" und „deutschen Wiking". Die naivromantische, ideologisch aufgeladene Stilisierung zum „Übermenschen" entsprach dem damaligen Zeitgeist.

Äußerlich zerfiel Plüschows Leben in zwei sehr unterschiedliche Phasen. Er war eben nicht nur ein Abenteurer, sondern zweitens jemand, der sich nach 1918 vom einstigen „Kriegshelden" zu einem Mann wandelte, der Seefahrt und Fliegerei der Wissenschaft unterstellte. Seine Fähigkeiten, die er lange vergeudet hatte, machte er nun einer besseren Sache dienstbar, obwohl er stets ein wilhelminisch und antirepublikanisch geprägter Offizier blieb, als schlügen zwei Seelen in einer Brust.

Daher möchte der Verfasser einen Plüschow zeigen, der jenseits unkritischer Heldenverehrung lebte. Die Zwiespältigkeit Plüschows offenbart das Janusgesicht der abendländischen Kultur - ihrer Technik, Abenteuerlust und Entdeckerfreude, die für Zwecke destruktiver, aber auch humaner Art eingesetzt werden können.

2. Kindheit und Jugend
2.1 Die Kindheit

Geboren wurde Gunther Plüschow am 8. Februar 1886 in München und auf den Namen „Gunther" getauft, welcher der Nibelungensage entlehnt war. Sein Vater Amandus Eduard Plüschow (1855-1911) war ein ehemaliger Offizier und entstammte dem mecklenburgischen Hochadel. Die Plüschows gingen väterlicherseits auf den Herzog Friedrich Ludwig von Mecklenburg (1778-1819) zurück, der 1808 Gunther Plüschows bürgerliche Urgroßmutter Luise Charlotte Ahrens geheiratet hatte und von ihr einen Sohn bekam, der nach dem herzoglichen „Schloss Plüschow" benannt wurde. 1815 wurde Friedrich Ludwig Erbgroßherzog von Mecklenburg-Schwerin.

Gunther Plüschows Vater, ein Enkel Friedrich Ludwigs, ergriff nach kurzer erfolgloser Laufbahn beim

Militär den Beruf des Journalisten, zog aus Interesse und Neigung in die „Kunststadt" München, wo auch der von ihm verehrte Richard Wagner lebte.

1880 heiratete er Hermine Wellensiek (1858-1910), Gunthers Mutter, die von westfälischen Tabakindustriellen aus Bünde abstammte. Amandus Eduard Gunther Plüschow war nach Hans der zweitgeborene Sohn. Der dritte und jüngste Sohn hieß Wolfgang (1888-1918). Die Brüder hatten eine Schwester namens Carlotta (1891-1914).

In Gunthers früher Kindheit zog die Familie nach Rom. Da es dort keine deutsche Schule gab, kam der junge Gunther Plüschow in eine Unterrichtsanstalt, die französische Jesuiten leiteten. Gunther lernte Französisch und Italienisch; die Eltern verkehrten in Rom mit Literaten, Malern und Musikern.

Plüschows Vater erkrankte, und die Familie beschloss, wieder in Deutschland zu leben, auch weil Gunthers älterer Bruder Hans, den familiären Traditionen gemäß, in eine Kadettenanstalt eintreten sollte. Von Rom zogen sie nach Bünde in Westfalen. Plüschows Großvater mütterlicherseits unterhielt in Bünde eine Tabakfabrik.

In der Schule der Stadt galt Plüschow als selbstbewusstes Kind, das sich ungern der von den Lehrern geforderten Disziplin beugte. Als er Hans in der Plöner Kadettenanstalt besuchte, missfiel Gunther die

Atmosphäre der Unterdrückung, doch änderte dieses Ärgernis nichts daran, dass er später den wilhelminischen Geist verinnerlichte.

Nachdem der Großvater gestorben war, zog die Familie nach Mecklenburg, in die Heimat des Vaters, der eine Anstellung am Schweriner Museum erhielt.

Auf dem Schweriner See erlernte Gunther, angeleitet von einem pensionierten Kapitän, auf einer Jolle das Segeln. So wurde die Liebe schon des Kindes zum Meer und zur Seefahrt geweckt. „Der Junge jauchzte auf, das war das Leben, wie es ihm Spaß machte, mit Sturm und Wetter kämpfen, frei und wild". Bald schon kannte er für seinen künftigen Lebens- und Berufsweg nur eine Losung: „hinaus auf die See!"

2.2 Im Kadettenkorps

Im April 1896 folgte Gunther Plüschow, zehn Jahre alt, seinem Bruder Hans in die Kadettenanstalt Plön; hier begegnete ihm auch der Hohenzollern-Kronprinz Wilhelm. Der gesamte Tagesablauf war strikt geregelt. „Vorgesetzte über alles, über alles in der Welt" hieß die oberste Devise. Einmal besuchte die Kaiserin Auguste Viktoria das Kadettenhaus und sprach mit Gunther einige Worte.

Hans wechselte 1898 in die Hauptkadettenanstalt (HKA) Lichterfelde nahe Berlin. Gleichzeitig kam Gunthers jüngster Bruder, Wolfgang, nach Plön. In der „freiheitlichen Gesinnung der Familie", behauptet Isot Plüschow, habe sich jeder der drei Brüder gemäß seiner Eigenart entwickeln können.

Bei einer Wanderung entlang der Ostseeküste sah Gunther Plüschow Torpedoboote und fasste den Entschluss, Seeoffizier zu werden und ein Torpedoboot zu kommandieren. Hierzu hatten ihn auch die seglerischen Erfahrungen auf dem Schweriner See animiert.

Nach vier Jahren in Plön trat Gunther 1900 ebenfalls in die Hauptkadettenanstalt ein; sie trug den Spitznamen „Zipangu" (= Alt-Japan, Symbol für Isoliertheit). Das Leben in der HKA unterschied sich sehr von Plön. Die Zöglinge galten, obwohl erst 14 Jahre alt, fast schon als vollwertige Soldaten und hatten sich auch untereinander mit „Sie" anzureden.

Die Kadettenanstalt lag „in einem mächtigen Geviert, das von doppelt mannshohen, dicken roten Mauern umschlossen war. Strenge und Nüchternheit atmeten die quadratischen Backsteinmauern im Innern, sodass wohl manchen der Eintretenden eine ähnliche Empfindung überkommen konnte, wie Dante sie am Eingang zur Hölle gemeißelt glaubte: `Lasst, die ihr eingeht, alle Hoffnung schwinden` ".

In diesem Militärkloster fasste allein der Speisesaal 1200 Plätze.

Gunther kam auf die „Stube 9" und erhielt eine neue Uniform plus drei Mark Taschengeld. An den Sonntagen gab es Urlaub. Neben einem normalen Schulunterricht, der etwa dem Lehrplan der Realgymnasien entsprach, erfolgte der militärische Drill.

Eines Tages besuchten drei britische Feldmarschälle, French, Roberts und der berühmte Lord Kitchener, die Lichterfelder Anstalt und nahmen den Parademarsch der Kadetten ab.

Die Kadettenanstalten, besonders die in Lichterfelde, vermittelten den künftigen Offizieren ein ausgeprägtes Standesbewusstsein und verschmolzen sie untrennbar mit der Monarchie. Insofern waren die Kadettenhäuser, von demokratischer Seite scharf kritisiert, ein Sockelstein des monarchischen Militärstaates in Preußen/Deutschland.

Nicht zufällig bestand der „jährliche Großkampftag" der Kadetten darin, an der „Kaiserparade" auf dem Tempelhofer Feld teilzunehmen. Kaiser Wilhelm II. begrüßte die Kadetten persönlich: „Guten Morgen, Kadetten! – Guten Morgen, Eure Majestät!" Am Abend marschierten sie, „das Herz von Stolz geschwellt, heim nach Lichterfelde". In solchen Momenten habe Plüschow „die Verbundenheit mit einer großen Idee" gespürt; eben darin bestand auch das Ziel der Ausbildung.

Der Kronprinz Wilhelm schenkte Gunther, in Erinnerung an die gemeinsamen Plöner Tage, goldene Manschettenknöpfe, verziert mit Smaragden. Gunther verfasste daraufhin ein Dankesschreiben.

„An den Kronprinzen Wilhelm, Deutsches Reich. – Die Manschettenknöpfe sind tadellos angekommen. Wenn ich später auf der Kommandobrücke meines Flaggschiffes stehe, werde ich immer an unsere gemeinsame Plöner Zeit denken. Ich bringe dem Spender und der ganzen Kaiserlichen Familie ein dreifaches Hipp Hipp Hurrah! In Treue fest Gunther Plüschow". Auf Druck seiner Mutter, der das Schreiben nicht förmlich genug war, musste Gunther es ändern. Jetzt war von „untertänigstem" Dank die Rede – eine Wortwahl, die dem jungen Kadetten missfiel und auch nicht recht zu ihm passte.

Nach der elften Klasse mussten alle Kadetten angeben, welchen Truppenteil sie bevorzugten und angehören wollten. Plüschow beantragte, in die Marine aufgenommen zu werden, und diese beschied den Antrag positiv. In der Erwartung, als Mariner fremde Länder bereisen zu können, las er damals schon ein Buch über Südamerika, das zu erkunden er sich vornahm.

Nach dem Fähnrichs-Examen verließ Gunther Plüschow Lichterfelde; vier Jahre seines Lebens hatte er hier verbracht. Plüschow kam aus einer sozial privilegierten Familie, deren militärische Traditionen er fortsetzte. Dem wilhelminischen Staat gegenüber war er völlig loyal, mochten auch geistige Regsamkeit, Abenteuerlust, Zielstrebigkeit und Freiheitsdrang den künftigen Seemann von zahlreichen seiner Standesgenossen unterscheiden.

3. Schiffsoffizier in der kaiserlichen Marine
3.1 Die „Stosch"

Gunther Plüschow kam 1904 in Kiel als Kadett auf ein Segelschulschiff, die SMS (Seiner Majestät Schiff) „Stosch". Zuvor erhielt Plüschow bei der Einkleidung einen vergoldeten Marinedolch, den er wie eine „Reliquie" bewundert habe. Nachdem er seinen „Soldateneid" auf Kaiser und Reich geleistet hatte, begann sein Dienst auf der „Stosch". „Wie zu ragenden Baumwipfeln sah Gunther zu den riesigen Masten empor, zu den gelben, scharf ausgerichteten Rahen, an denen die leuchtend weißen Segel wie runde Würste aufgerollt hingen".

Ein ganzes Jahr sollte er auf diesem Schiff verbringen; die Kadetten lebten in nur einem Raum, der dem Wohnen, Schlafen und Essen diente, aber auch als Unterrichts- und Freizeitraum genutzt wurde. Sie schliefen in Hängematten, „dicht an dicht, mit geringem Abstand aufgehängt". Im Laufe der Zeit gewöhnten sich Plüschow und die übrigen Offiziersanwärter an den „bitter schweren" Dienst. Stundenlang und tagtäglich wurde an den Segeln und Geschützen des Dreimasters „Stosch", der auch mit einer Dampfmaschine ausgerüstet war, exerziert.

Die erste Fahrt des Schiffes führte vom Heimathafen Kiel nach Rügen. Ein schweres Wetter kam auf, die Neulinge wurden seekrank, mussten aber in die Masten aufentern und Segel reffen. Die hohen Masten der „Stosch" bewegten sich in der stürmischen See wild hin und her. „Gunther empfand seinen Körper fast wie ein Fahnentuch, das von der Hand eines Riesen durch die Lüfte geschwenkt wurde". Als alles überstanden war, ging man bei Saßnitz auf Rügen vor Anker. So reifte Plüschow allmählich zu einem Seefahrer heran; stets hielt er an seinem Ziel fest, Kommandant eines Torpedobootes zu werden.

Das Segelschulschiff bereiste dann 1904/05 zehn Monate lang mehrere Länder: nach Schweden kam Norwegen, wo sich Gunther als „Wikinger" empfunden haben soll, dann folgten Großbritannien und fast alle Mittelmeerländer. In Griechenland lernte er einen deutschen Archäologen kennen, der Plüschow und einigen Bordkameraden die archäologische Wissenschaft erläuterte.

14

Besonders faszinierten Plüschow die Besichtigung von Konstantinopel und ein längerer Aufenthalt in Ägypten. Dort glaubte er, Missstände der britischen Kolonialpolitik zu erkennen; seine Kritik wollte jedoch die Besatzung der „Stosch" nicht teilen. Plüschow erwies sich als eigenständiger Kopf, welcher der „Herde" nicht immer folgte.

Die Reste der altägyptischen Kultur, Pyramiden und Königsgräber, fesselten den jungen Mann ebenso wie das römische Pompeji. Vermutlich formte sich in diesen Tagen und Wochen der Mittelmeereise bei Plüschow der Wunsch, später selbst einmal in die Welt der Entdeckungen ferner Länder und Kulturen einzutauchen.

Während der Rückfahrt bestand er auf der „Stosch" die erste Hälfte des Seefähnrichsexamens und kehrte im März 1905 als 19-Jähriger wieder nach Kiel zurück. Die Ausbildungszeit auf dem Segelschulschiff war vorüber.

3.2 Exkurs: Der „Tirpitz-Plan"

An dieser Stelle ist ein historischer Einschub notwendig. Als Gunther Plüschow in die kaiserliche Marine eintrat, hatte bereits der Aufbau einer deutschen Schlachtflotte begonnen, die das Verhältnis zu Großbritannien deutlich verschlechterte. Der „Tirpitz-Plan", aufgrund dessen die Schlachtschiffe gebaut wurden, gehört mit zu den wichtigsten Ursachen, die den Ersten Weltkrieg herbeiführten. Weder Plüschows Frau noch er selbst erwähnten später diesen historischen Hintergrund.

Mit dem Regierungsantritt Wilhelms II. setzte ein grundlegender Wandel der deutschen Flottenpolitik und Seerüstung ein. Der deutsche Kaiser wollte eine machtvolle Flotte bauen und ernannte im Juni 1897 Alfred Tirpitz (1849-1930) zum Staatssekretär des Reichsmarineamts.

Gleichzeitig verbreitete sich in weiten Teilen der deutschen Öffentlichkeit die verhängnisvolle Idee, dass Deutschland nicht saturiert sei, wie noch Bismarck betont hatte, sondern zur Weltmacht aufsteigen solle, wobei Großbritannien als Hauptgegner galt. Wilhelm II. und Tirpitz verfochten diese Linie besonders massiv.

1898 wurde der auch von Tirpitz geförderte Flottenverein gegründet. Die Schlachtflotte sollte außerdem dazu beitragen, die innenpolitische Zusammenarbeit der „staatsbejahenden" Gruppierungen zu fördern.

Auf Initiative von Tirpitz beschloss der Reichstag im März 1898, die Marine um 7 Linienschiffe und 9 Kreuzer zu verstärken. Vor dem Hintergrund des Burenkrieges wuchs in Deutschland die antibritische Stimmung. Bereits im Juni 1900 bewilligte der

Reichstag einen neuen drastischen Ausbau der Schlachtflotte.

Tirpitz und Kanzler Bülow verfolgten das Ziel, die deutsche Marine bis zu zwei Drittel der britischen aufzurüsten. Die deutsche Schlachtflotte sollte eine „Risikoflotte" darstellen, das heißt die britische „Home fleet" sollte einen Angriff auf die deutsche Schlachtflotte scheuen, sprich die deutsche Weltmachtgeltung hinnehmen.

Aber die Briten eröffneten nun ihrerseits das Wettrüsten und blieben überlegen. Daher galt der Tirpitz-Plan, obwohl 1906, 1908 und 1912 weitere Verstärkungen der deutschen Kriegsmarine erfolgten, seit etwa 1912 als hinfällig. Die deutsche Rüstung verlagerte sich wieder auf das Heer.

Sehr negativ gestalteten sich für Deutschland die politischen Konsequenzen der Flottenrüstung. Das Verhältnis zu Großbritannien wurde tief gestört; bereits seit 1904 kooperierten die Briten mit Frankreich auch in maritimer Hinsicht. Der Tirpitz-Plan trug zur Entstehung des Ersten Weltkriegs bei; wichtige Ressourcen hat Deutschland für die Schlachtflotte vergeudet.

Während des Krieges verweigerten die Briten eine große Seeschlacht und begnügten sich mit einer höchst wirksamen Fernblockade. Obwohl Tirpitz zunächst die große Schlacht gefordert hatte, schreckt am Ende sogar er selbst davor zurück.

Tirpitz verlangte immer wieder, dass Deutschland in Westeuropa (Belgien, Frankreich) dauerhaft Ländereien annektieren müsse, um Flottenstützpunkte zu erhalten. Im März 1916 wurde Tirpitz entlassen, weil er im Gegensatz zum Kanzler Bethmann-Hollweg den uneingeschränkten U-Bootkrieg bejahte, der später doch kam und den Kriegseintritt der USA herbeiführte.

3.3 Offizier auf einem Torpedoboot

Im Rang eines Unteroffiziers verließ Gunther Plüschow die „Stosch". Kurz darauf verlobte er sich mit einer Frau namens Kitty, die in Dresden wohnte. Plüschow absolvierte erfolgreich die letzten Teile der Seefähnrichsprüfung in Kiel und verstand sich „als Soldat mit Leib und Seele".

Dann trat Plüschow in die Marineschule ein, der er ein Jahr angehörte, ließ sich aber nebenher, weil ihn der theoretische Unterricht langweilte, zum Yachtsegler und Taucher ausbilden. Die Schulung zum Seeoffizier genügte ihm offensichtlich nicht; seine Interessen und Abenteuerlust trieben ihn weiter. Plüschow bestand die Prüfung der Marineschule und bekleidete seit 1906 den Rang eines Leutnants.

Sein alter Wunsch, auf ein Torpedoboot zu kommen, ging in Erfüllung. Nun erlernte Plüschow die speziellen, für ein Torpedoboot notwendigen Kenntnisse,

„die Ärmel aufgekrempelt, in Fett und Öl wühlend".
In der Ostsee wurde der Umgang mit Torpedos geübt;
auch dieser Lehrgang endete mit einer Prüfung. Es
folgte noch ein Infanterie- und Artilleriekursus, und
Plüschows Ausbildung zum Seeoffizier war vollen-
det.

Was sollte nun geschehen? Wieder begünstigte ihn
das Glück, denn er kam wunschgemäß auf den Großen Kreuzer „Fürst Bismarck", ein Auslandsschiff im
fernen Osten. Mit zivilen Passagierschiffen fuhr der
junge Offizier Ende 1906 nach Kiautschou, zum deutschen Pachtgebiet in China. Im Hafen der dortigen
Stadt Tsingtau lag das Kriegsschiff „Fürst Bismarck".

3.4 Im Fernen Osten

Tsingtau – diese Stadt sollte Plüschows gesamtes
Leben schicksalhaft beeinflussen! Tsingtau, ein ehe-
maliges Fischerdorf, war die von Deutschen aufge-
baute Hauptstadt des Pachtgebietes Kiautschou. 1898
erfolgte die deutsche Inbesitznahme der Bucht und
angrenzender Gebiete von Kiautschou im Rahmen
der deutschen Welt- und Flottenpolitik. Schon mehrere Jahre zuvor hatten deutschen Flottenexperten Kiautschou ins Auge gefasst.

Seit 1895/96 wollte das Reichsmarineamt die Bucht
von Kiautschou definitiv als Flottenbasis gewinnen.
In China wurden 1897 zwei deutsche Missionare

ermordet; dieses Ereignis nahm die Reichsleitung zum Vorwand, um als Repressalie Kiautschou zu besetzen. China musste Kiautschou für 99 Jahre an Deutschland verpachten. Das kaiserliche „Ostasiatische Kreuzergeschwader" wurde in Kiautschou stationiert.

Im Gegensatz zu allen anderen deutschen Kolonien gehörte Kiautschou nicht zum Kompetenzbereich des Auswärtigen Amtes oder Reichskolonialamtes. Kiautschou wurde vom Reichsmarineamt unter Großadmiral Tirpitz verwaltet, dem der jeweilige Gouverneur (ein Marineoffizier) des deutschen Pachtgebietes unterstand. Neben der militärischen gab es eine zivile Verwaltung; deren Leiter blieb dem Gouverneur nachgeordnet.

Als Plüschow in Tsingtau eintraf, leitete Konteradmiral Oskar Truppel (1854-1931) Kiautschou als Gouverneur, der Kiautschou in eine „Musterkolonie" verwandeln wollte, die ökonomisch florierte. Auch mehrere deutsche Schulen gab es; eine Eisenbahnlinie wurde gebaut. Kiautschou diente in Deutschland wesentlich auch der Flottenpropaganda und sollte deutschen Händlern die Tür nach China öffnen. Wie die anderen deutschen Kolonien, blieb Kiautschou ebenfalls ein Zuschussgeschäft. Die Ausgaben (100 Millionen Reichsmark) überstiegen die Einnahmen um das Zehnfache.

In Tsingtau gab es ein Chinesen- und ein Europäer-
viertel. Für Europäer, die überwiegend aus Deutschland kamen, galt deutsches Recht, während die Chinesen einem Sonderrecht unterlagen. Im europäischen Teil wurden eine Universität, Fabriken, ein
Bahnhof, ein Elektrizitätswerk, der Hafen, eine Bank,
verschiedene militärische Einrichtungen und eine
Brauerei geschaffen.

1913 lebten in Tsingtau etwa 55 000 Einwohner, davon waren 4500 Europäer, die meistens der deutschen
Marine angehörten. Insgesamt hatte Kiautschou zur
gleichen Zeit rund 200 000 Einwohner; fast alle waren chinesischer Abstammung. Seit 1911 leitete der
Gouverneur Kapitän Alfred Meyer-Waldeck die Kolonie, bis die Japaner im November 1914 das deutsche Pachtgebiet eroberten.

Auf dem Weg nach Tsingtau reiste Plüschow über
Indien. Hier soll ihm „die Macht Albions" begegnet
sein, wie seine Frau Isot schrieb. Gunther Plüschow
habe – wie auch bereits in Ägypten – erkannt, dass
Deutschland „zu gleicher Macht und Größe wie das
englische Brudervolk" aufsteigen müsse. Daran mit-
zuwirken, sei ihm „Pflicht und Berufung" gewesen.
Insofern Plüschow ein engagierter Jungoffizier gewesen ist, hat Isot Plüschow ihren Mann vermutlich zu-
treffend charakterisiert.

Sobald Kiautschou in Sicht kam, erblickte Plüschow „blühende Gärten, in deren Mitte, wie eine Perle, eine Villenstadt mit roten, heimatlich anmutenden Dächern lag. Tsingtau!" Unverzüglich ging Plüschow an Bord des Kreuzers „Fürst Bismarck".

In den folgenden zwei Jahren unternahm er Reisen, die ihn mit zahlreichen Ländern, Kulturen und europäischen Kolonialregimen in Ostasien bekannt machten: China, Japan, Polynesien, Java, Borneo, Celebes. Dabei lernte er Meinungen und Sichtweisen kennen, die sich teilweise sehr von den Anschauungen der Militärkaste unterschieden, in welcher er aufgewachsen war.

In Japan besucht er den Palast des Kaisers, der von den Europäern „Mikado" genannt wurde. Das berühmte „Kirschblütenfest" erlebte der Besucher im kaiserlichen Park. Da legte sich „plötzlich tiefe Stille über den Garten. Der Mikado naht! Seinem Volk der Sohn des himmlischen Reichs, Abgesandter und Gott zugleich". Tief beeindruckte ihn die japanische Kultur, die „natürlicher Schönheit und gefälliger Harmonie huldigte".

Der Deutsche bewunderte die „Unbefangenheit" und „natürliche Lebensfreude" der Japaner. Von der Engstirnigkeit etlicher Kolonialisten oder wilhelminischer Militärs war Plüschow ein gutes Stück entfernt; exotische Kulturen interessierten ihn und stärkten

Plüschows spätere Entdeckerfreude. Freilich hinderte ihn dies nicht daran, die Japaner während des Krieges leidenschaftlich zu hassen.

Noch während des Japan-Besuches wurde Plüschow an Bord der „Fürst Bismarck" zum „Leutnant zur See" befördert. Für ihn war das der entscheidende Karrieresprung zum Berufsoffizier, ein Erfolg, der seine Lebensgeister weiterhin stärkte. Nach jeder Ankunft des Schiffes im Hafen unternahm er ausgedehnte Fahrten in das jeweilige Hinterland. „Schön ist die Welt, er wusste es schon lange, aber so schön!"

Auf den Philippinen lernte Plüschow einen Italiener kennen, mit dem er sich über die Renaissance unterhielt. „Bei Leonardo da Vinci", habe Plüschow erklärt, „hätte ich mir ein Flugzeug bauen lassen und wäre ein Entdecker fremder, unbekannter Länder geworden!" Wenig glaubwürdig ist Isots Behauptung, dass der Italiener geantwortet habe, dass Plüschow aussehe wie ein „Wikinger"; diese hätten noch vor Kolumbus Amerika entdeckt. Fotos, die Plüschow abbilden, zeigen einen völlig normalen, durchschnittlichen Mitteleuropäer. In dem 1915 veröffentlichten Roman „Die Helden von Tsingtau" wird Plüschow wie folgt beschrieben: „Zierlich, fast schmächtig von Gestalt", sei der Offizier enorm willens- und nervenstark gewesen.

Zwei Jahre verstrichen, dann endete die ostasiatische Kreuzfahrt der „Fürst Bismarck" dort, wo sie begonnen hatte: in Tsingtau. Eine wichtige Phase im Leben Plüschows fand ihren Abschluss. Hätte der junge Marineoffizier Ostasien nicht besucht, wäre er 1914 nicht zum „Flieger von Tsingtau" avanciert.

3.5 Marinedienst in Deutschland

Im Dezember 1908 betrat der nun 23-jährige Plüschow wieder heimatliche Erde. Fortan diente er in Danzig auf dem Küstenpanzerschiff „Ägir"; der fernöstlichen Üppigkeit folgte ein Kommissdienst in kühlen Gewässern. Plüschow träumte von Abenteuer- und Entdeckerwelten; ihn plagten unerfüllte Sehnsüchte. Sobald die Dienstzeit auf dem „Küstenschweinchen" Ägir abgelaufen war, wollte er zu den Torpedobooten zurückkehren.

In Danzig lernte er die junge Helene kennen, die einer alteingesessenen Danziger Senatorenfamilie angehörte. Der Vater der Dame lehnte jedoch eine Heirat der beiden ab, weil er glaubte, dass Plüschow Helene nicht „standesgemäß" ernähren könne – der erste große Rückschlag im Leben des jungen Mannes.

Zur Kompensation der erlittenen Demütigung und weil es ihm Freude bereitete, neue Wege zu betreten, widmete sich Plüschow dem Tauchen. Die unbekannte Welt der Tiefe fesselte ihn. Könnte er weiter

24

vordringen, „was für Wesen" begegneten ihm in „diesem unendlichen Reich"?

Um die Jahreswende 1908/09 wechselte Plüschow, nunmehr zum Oberleutnant befördert, auf das in der Nordsee stationierte Linienschiff „Kaiser Barbarossa". Plüschow lernte die Schiffsführung und Seekriegstrategie kennen.

Etwa anderthalb Jahre später, seine Mutter war Anfang Mai 1910 gestorben, wurde er nach Flensburg als Wachoffizier auf ein Torpedoboot abkommandiert. Ihn erwarteten harte Zeiten. „Schrauben, schmieren, zerlegen, die schweren Torpedos" bewegen, „dreckig und schmierig von früh bis spät". Auch hier bestand er das vorgeschriebene Examen.

Kurzzeitig kehrte Plüschow, 25 Jahre alt, 1911 nach Berlin zurück und erlernte in der „Militärturnanstalt" das Fechten. In der Freizeit fuhr er zum Militärflugplatz Johannisthal, denn ihn begeisterte auch die Fliegerei, und er begann schon jetzt, Flugzeugmotoren zu handhaben.

Doch der Aufenthalt in Berlin ging rasch zu Ende; die Herbstmanöver der Flotte führten Plüschow in die Nordsee. Ein Kreuzer rammte versehentlich zwei Torpedoboote, die mit ihren Besatzungen untergingen. Nach dem Ende der Manöver nahm Wilhelm II. die Parade der Flotte ab. - Im November des gleichen Jahres starb Gunthers Vater.

4. „Der Flieger von Tsingtau"
4.1 Ausbildung zum Seeflieger

1912 erhielt Plüschow einen neuen Posten, der ihm diesmal jedoch nicht behagte. Statt zum Kommandanten eines Torpedoboots wurde er zum Ausbilder an der Marineschule in Flensburg/Mürwick ernannt. Diese unerwartete Verpflichtung drückte den Heißsporn nieder; er fühlte sich wie „ein Beamter in Uniform". Angeödet vom monotonen Dienst, kam der Umtriebige auf eine Idee: er beantragte seine „Kommandierung zur Ausbildung als Flieger".

Zwischenzeitlich besuchte er mit seinem Onkel und dessen Schwester Isot die ewige Stadt Rom. Gunther und Isot verliebten sich und beschlossen, gemeinsam zu leben. „Wenn wir heimgekehrt sind", sagte Plüschow zu Isot, „werde ich Flieger sein, werde einer der ersten Pioniere dieser neuen heldischen Waffe. Die Flugzeuge werden sich zu einer ungeahnten Macht entwickeln, die das unerforschte Luftmeer beherrscht. Mit starken, donnernden Motoren, weiten Schwingen werde ich hinaufschweben in unendliche Höhen, über Land und See, weit hinaus zu fremden Meeren und Ländern!"

Isot schätzte Plüschow wohl richtig ein, wenn sie schreibt: „Ungehemmt und frei musste sich das Wesen dieses Mannes entfalten, um sich ganz erfüllen zu können". In diesem `faustischen` Aufschwung spiegelte sich viel vom damaligen Zeitgeist – im Guten und Großartigen, aber auch, denkt man an den Krieg, der bald kommen sollte, im Verhängnisvollen.

Noch bevor Plüschows Versetzungsantrag entschieden war, reiste er im Sommer 1913 nach London, um sich Kunstschätze anzusehen. 1915 sollten dem kriegsgefangenen Plüschow die Londoner Erfahrungen zustattenkommen.

Plüschows Gesuch bewilligte die Marine im August 1913. Der Oberleutnant zur See wurde beurlaubt und zur „Ausbildung als Flugzeugführer bei den Rumplerwerken in Berlin-Johannisthal" freigestellt. Noch bevor der Flugunterricht im Februar 1914 begann, erhielt Plüschow den Befehl, dass er, sofern er das Piloten-Examen bestand, drei Jahre als Marineflieger in Tsingtau zu dienen habe. Für Plüschow grenzte dieser Auftrag an ein Wunder; nichts hatte er sehnlicher gewünscht.

Die Kunst des Fliegens lag ihm, und in „menschenferner Einsamkeit" hoch über dem Boden zu schweben, bedeutete ihm ein beispielloses Erlebnis. Täglich saß er im Cockpit und begriff rasch, dass die Landung der schwierigste Teil des Fliegens ist. Außerdem waren die damaligen Flugzeuge technisch sehr störanfällig und „zerbrechlich wie Libellenflügel".

Aber Plüschow lernte so erfolgreich, dass er bereits nach fünf Tagen (!) die Prüfung zum Piloten bestand.

Gleich darauf vollbrachte er als Copilot des Fliegers Linnekogel in einer „Rumpler-Taube" einen deutschen Höhenrekord von 4900 Meter; dann erreichten sie den Welthöhenrekord von 5500 Metern.

Plüschows erste lange Flugreise endete nahe Hamburg mit einem Unfall. Aufgrund eines technischen Defektes lief Benzin aus, und Plüschow konnte gerade noch landen. Auf dem Rückflug missriet der Start. Plüschow legte eine Bruchlandung hin, bei der sich das Flugzeug auf den Kopf stellte und völlig zerstört wurde. Die Bereitschaft, große Risiken einzugehen, hatte ihre „heroischen", aber auch gefährlichen Seiten und kostete Plüschow am Ende das Leben.

4.2 Letzte Friedenstage in Tsingtau

Gunther Plüschow reiste im Frühjahr 1914 mit der Eisenbahn quer durch Russland und China nach Kiautschou, das ihm wie ein „blühendes Ackerland voller Gärten, Felder und Blumen" erschien. Während der Zug in Tsingtau einfuhr, glaubte Plüschow, sich „wieder auf deutschem Grund und Boden" zu befinden, „in einer deutschen Stadt im fernen Osten".

In Tsingtau war ein Kreuzergeschwader unter Führung des Admirals Graf von Spee stationiert. Im

November 1914 kam es zwischen Spees Kreuzern und englischen Schiffen, die noch kurz vor Kriegsausbruch Tsingtau besucht hatten, zur Schlacht bei Coronel (nahe Chile). Die deutsche Flotte siegte, wurde aber nur wenige Wochen später, als Spees Kreuzer versuchten, Deutschland zu erreichen, von britischen Kriegsschiffen bei den Falklandinseln fast vollständig versenkt.

Die Rasenfläche der Tsingtauer Sportarena, „Iltisplatz" genannt, sollte als künftiger Flughafen der Marineflugzeuge dienen. Noch war Plüschows Flugzeug, das auf einem Schiff nach Tsingtau transportiert wurde, nicht eingetroffen. Erst für Mitte Juli 1914 wurde es erwartet. Mit dem Artillerieoffizier Patzig teilte sich Plüschow eine Villa nahe des künftigen „Flughafens". Der zweite Marineflieger in Tsingtau hieß Müllerskowski; auch er hatte noch auf sein Flugzeug zu warten.

Anfangs genoss Plüschow das Leben in Tsingtau, „dem Paradiese auf Erden", bewunderte das „weite tiefblaue Meer", verbrachte viele Stunden hoch zu Ross. „Drei wunderbare Jahre lagen vor mir. Wer sollte glücklicher und zufriedener sein als ich?" Mehrere dienstbare Geister umsorgten Plüschow, darunter ein Pferdeknecht und ein Gärtner. Da jedoch Theater und Amüsements in Tsingtau fehlten, spielte Plüschow in adeliger Manier Polo oder Tennis.

Erst im Juli 1914, wenige Tage vor Kriegsbeginn, trafen per Schiff die beiden für Plüschow und Müllerskowski bestimmten Flugzeuge ein: zwei „Rumpler-Tauben". Die in Kisten verpackten Flugzeugteile wurden im Flugzeughangar am Iltisplatz zusammengebaut.

Der Tsingtauer „Flugplatz" war extrem klein; dieser Umstand sollte sich verhängnisvoll auswirken. Aber Plüschows erster Start gelang, und der Flug über der Stadt beeindruckte Plüschow sehr. Auch die schwierige Landung glückte ihm punktgenau.

Dann kam Müllerskowski zum Einsatz. Am 31. Juli 1914, fast fünf Wochen nach dem Attentat von Sarajewo, startete dieser erstmals in Tsingtau. Zwar hob er vom Boden ab, aber nicht schnell genug, denn dort, wo der Flugplatz endete und steile Meeresklippen folgten, neigte sich das Flugzeug „plötzlich zur Seite, und wir (mussten) mit Schrecken sehen, wie es in sausender Fahrt mit dem Kopf voreweg in die Felsen hineinstürzte".

Müllerskowski wurde schwer verletzt und hütete bis zum Ende der Kämpfe um Tsingtau das Lazarett. Sein Flugzeug war völlig zerstört und nicht mehr zu reparieren. So war schon vor Kriegsbeginn die „Hälfte" der deutschen Marineflieger ausgefallen. Die deutsche Marineführung hatte nicht bedacht, dass in dem gebirgigen Kiautschou kein richtiger Flugplatz gebaut werden konnte.

Auch Plüschow erlebte zum zweiten Mal eine fulminante Bruchlandung. Nur drei Tage nach dem Absturz des Fliegerkameraden setzte bei einem Landeanflug kurzzeitig der Motor der Rumpler-Taube aus, sodass er den Flugplatz verfehlte. „Da lag meine Taube mit der Nase im Straßengraben und bildete ein Knäuel von zerbrochenen Holzstreben, Leinwand und Drähten". Auch der Motor war beschädigt - Ersatzteile gab es nicht.

Immerhin konnte ein Tischler der Werft in Tsingtau einen neuen Holzpropeller bauen. Schließlich gelang es doch, die Maschine halbwegs zu reparieren, auch wenn sie künftig nur mit verminderter Flugleistung eingesetzt werden konnte. Dadurch wurde jeder Start auf dem kleinen Flugplatz noch risikoreicher; ständig musste der Propeller neu verleimt werden.

4.3 Kriegszustand

Noch für Anfang August 1914 hatte man in Tsingtau ein Polospiel gegen einen britischen Club aus Shanghai geplant. Doch nun ereilte die Weltgeschichte das kleine deutsche Kolonialgebiet. Österreich-Ungarn hatte am 28. Juli Serbien den Krieg erklärt; am 1. und 3. August folgten die deutschen Kriegserklärungen an

Russland und Frankreich. Großbritannien erklärte Deutschland am 4. August den Krieg.

Am 30. Juli 1914, einen Tag vor dem Absturz Müllerskowskis, verkündete der Gouverneur von Tsingtau, der bereits erwähnte Kapitän Meyer-Waldeck, die Vorbereitung des Kriegszustandes. „Die schönen Tage von Aranjuez", um mit Schiller zu reden, gingen nun zu Ende.

In Tsingtau wurde am 1. August die Mobilmachung befohlen. Man stand unter dem Druck der Frage, ob es Krieg mit Großbritannien geben werde. Plüschow argwöhnte, dass ein Krieg zwischen Deutschland und England „besonders im fernen Osten das Prestige der weißen Rasse" zerstören werde, „und der gelbe Japs (Japaner) lachend die Früchte unserer Zwietracht einheimsen" könne.

Am 4. August kam die Nachricht von der britischen Kriegserklärung gegen Deutschland. Mit Begeisterung nahmen die deutschen Seeoffiziere in Tsingtau diese Nachricht nicht auf. Auch Plüschow beneidete die deutschen Soldaten in Europa, welche die „wunderbaren Tage der Mobilmachung miterleben" dürften, die „ausziehen (können) gegen eine Welt von Feinden", um Deutschland zu verteidigen, während die deutschen Soldaten in Tsingtau zur Untätigkeit verdammt seien.

Plüschows Einstellung zum Krieg scheint recht zwiespältig gewesen zu sein. Einerseits hielt er die deutsch/englische Konfrontation für bedauerlich, glaubte aber, dass eine feindliche Übermacht Deutschland angreife. Gegen die Entente zu kämpfen, hielt er für seine leidenschaftlich bejahte Pflicht. Auch und gerade den Krieg verstand Plüschow als Abenteuer.

Der Krieg sollte kommen – freilich von einer Seite, mit der in Tsingtau kaum jemand gerechnet hatte. Am 15. August 1914 traf eine Nachricht „von solcher Ungeheuerlichkeit" ein, dass man sie zunächst nicht glauben wollte. Die japanische Regierung, welche bereits 1902 einen Bündnisvertrag mit Großbritannien abgeschlossen hatte, forderte die Deutschen ultimativ auf, das gesamte Pachtgebiet von Kiautschou bis zum 15. September „ohne Bedingung und ohne Entschädigung" Japan zu übergeben. Bis zum 23. August sollte die deutsche Regierung ihr Einverständnis mit diesen Forderungen erklären. Andernfalls war ein militärisches Vorgehen der Japaner zu erwarten *.

Das japanische Ultimatum wurde abgelehnt und, wie alle deutschen Offiziere wussten, ein von

---

* Vgl. Rolf-Harald Wippich, Vom bewunderten Vorbild zum „Wegelagerer im Solde Englands". Das Japanbild des Militärs und Diplomaten Albert Schinzinger im Ersten Weltkrieg, in: Zeitschrift für Geschichtswissenschaft, Heft 4, 2016, S. 341-360.

vornherein aussichtsloser Kampf begonnen. Jeglicher Nachschub blieb den Deutschen verwehrt. „Tsingtau macht klar zum Gefecht!", hieß es dennoch in der Proklamation des Gouverneurs Meyer-Waldeck. Am 23. August 1914 erklärte Japan Deutschland offiziell den Krieg.

4.4 Der Aufklärungsflieger
4.4.1 Die Frühphase der Belagerung

Plüschow unternahm fast pausenlose Aufklärungsflüge, die ihm stets auch die „erhabene Schönheit" der Natur vor Augen führten. An diese Erlebnisse sollte Plüschow nach dem Ende des Krieges unter gänzlich anderen Voraussetzungen wieder anknüpfen.

Ihm unterstanden auch zwei Fesselballons, die ebenfalls der Aufklärung dienen sollten, jedoch ihren Zweck nicht erfüllten. Sie konnten nicht hoch genug steigen, um die landseitigen Bewegungen der Japaner hinter den Kiautschou vorgelagerten „Moltke-, Bismarck- und Iltisbergen" zu erkennen.

In diesen Höhenzügen lagen die Stellungen eines Regiments der deutschen Infanterie, das Kiautschou gegen landseitige Angriffe verteidigen sollte. Gefährlich für die Deutschen musste eine etwaige in den Bergen stationierte feindliche Belagerungsartillerie werden, die ganz Kiautschou bestreichen konnte. Die

Erkundung des wichtigen Vorfeldes jenseits der Berge oblag fast nur dem Flieger Plüschow.

Die wenigen Tage bis zum Ablauf des japanischen Ultimatums am 23. August hatten die Verteidiger mit Schanzarbeiten zugebracht. Dazu gehörte auch, dass die „Wäldchen, die mit so viel Mühe und Liebe angepflanzt waren, zum Freimachen der Schussfelder fallen" mussten.

Bereits einen Tag nach dem Ablauf des Ultimatums begann die Blockade der Japaner. Ihre Torpedoboote sperrten die Bucht von Kiautschou. Unterstützt wurde Japan, laut Plüschow das „gelbe Kaiserreich", durch eine kleine britische Abteilung. Bis Ende September konnten 1000 deutsche Soldaten das jenseits der Berge gelegene Vorfeld halten und mussten sich dann auf die Stellungen der Infanterie zurückziehen, die sich auf den Höhenzügen befanden, die Tsingtau vorgelagert waren. Plüschow schrieb nichts darüber, worin die deutschen Truppen den Sinn ihres Kampfes erblickten.

Die Aufklärungsflüge der deutschen „Ein-Mann-Luftwaffe" machten sich bezahlt, auch wenn sie den Ausgang des Kampfes nicht änderten. Der einsame Flieger konnte feststellen, dass die Japaner von der Seeseite her keine Invasion vorbereiteten. Dank dieses Wissens war es möglich, die deutsche Infanterie im Gebirge zu konzentrieren.

Anfang September 1914 erhielt Plüschow die „Feuertaufe"; bei einer Erkundung des landseitigen Vorfeldes von Kiautschou trafen japanische Gewehrkugeln den Flieger. „Mit zehn Löchern in den Tragflächen kehrte ich stolz zurück". Fortan flog er höher, bis auf 2000 Meter, sodass ihn feindliche Schützen weniger gefährdeten.

Auf dem Boden musste sich Plüschow ebenfalls vorsehen, als Torpedoboote der Japaner die Küste ins Visier nahmen. Seit Ende September bekämpfte die japanische Schiffsartillerie den Uferstreifen der deutschen Kolonie, sodass sich die Deutschen ins Landesinnere zurückziehen mussten. Der Belagerungsring wurde immer enger geschlossen.

Häufig schlugen Granaten japanischer Kriegsschiffe auch in Kiautschou ein. „Wir hatten den Eindruck, dass ganz Tsingtau in einen Trümmerhaufen verwandelt werden" sollte. Deutsche Marinesoldaten versenkten eigene Schiffe, damit sie nicht den Japanern in die Hände fielen. Noch griffen diese, trotz der Schwäche der Belagerten, nicht direkt an; ihre Strategie blieb für die Deutschen zunächst ungeklärt. Langsam und systematisch positionierten die Japaner ihre Truppen, bauten Transportwege und brachten ihre Artillerie in Stellung.

Unablässig erkundete Plüschow, den die Chinesen, die in Kiautschou lebten, „Vogelmaster" nannten,

Positionen der Japaner, weil er „das geliebte Schutz-gebiet", verteidigen wollte, „in das sich ein frecher Feind einnistete, um uns Tod und Verderben zu bringen". Allerdings forderte Japan nur die Übergabe von Tsingtau. Außerdem hatte Deutschland diesen Landstrich dem rechtmäßigen Eigentümer abgepresst!

Plüschow flog allein, um die Maschine so leicht wie möglich zu machen, weil die Luft im Tsingtauer Kessel sehr dünn war und er die Windverhältnisse nur schwer meisterte. Jeder Start war „ein Kampf auf Leben und Tod"; gelang er nicht, „war es um mich und mein Flugzeug geschehen." Wieviel Einsatz, Mut und Opferbereitschaft für einen unsinnigen, zum Scheitern verurteilten Zweck!

Nach dem Start schraubte sich das Flugzeug über dem Meer, das bessere Windverhältnisse bot, mühselig in die Höhe. Doch nun bedrohten ihn japanische Soldaten, die Plüschow unter Feuer nahmen. Sobald er über dem Meer die Höhe von 2000 Metern erreicht hatte, war Plüschow vor Gewehrkugeln relativ sicher, nie jedoch vor japanischen Schrapnells. Dann flog er zu den feindlichen Linien. „Ich hängte meine Karte vor mich an das Höhensteuer, nahm einen Bleistift mit Notizheft zur Hand und beobachtete den Feind". Jeweils anderthalb- bis zwei Stunden lang studierte Plüschow den Gegner und skizzierte akribisch dessen Positionen.

Sobald das Benzin knapp wurde, ging es „in rasen-
dem Kurvengleitflug" zum Flughafen, manchmal
auch im Sturzflug, um die Zeit, innerhalb derer die
Japaner Plüschow gefährdeten, möglichst zu reduzie-
ren. Trotz der extrem gefährlichen Fliegerei bewunderte er die Schönheit des Meeres und der Berge.

Bald bewohnten nur noch Plüschow und sein Bur-
sche das Tsingtauer Villenviertel; die chinesischen
Hausdiener waren geflüchtet. Immer wieder schlugen
Granaten nahe der von Plüschow bewohnten Villa
ein.

4.4.2 Bomben und Luftkämpfe

Am 5. September 1914 geschah etwas sehr Unheil-
volles. Erstmals kreiste ein japanisches Flugzeug, ein
Doppeldecker, über Tsingtau und warf Bomben ab.
Mit japanischen Flugzeugen hatten die Deutschen
nicht gerechnet; immer häufiger kamen feindliche
Wasserflugzeuge, die bequem und gefahrlos auf der
weiten Meeresfläche vor Tsingtau starten und landen
konnten. Nun besaßen die Japaner neben der Überle-
genheit ihres Heeres und ihrer Marine auch noch die
Lufthoheit!

Oftmals bombardierten Japaner aus sicherer Höhe
Plüschows Flugzeughangar. Daraufhin baute
Plüschow für sein Flugzeug einen abseitig gelegenen
Schuppen, den die Japaner von oben nicht sehen

konnten. Mit „vieler List und Tücke" wurde auch eine Flugzeugattrappe hergestellt, welche die Japaner irreführte.

Etwa gleichzeitig fertigte man für Plüschow Bomben an, über die er bis dahin nicht verfügt hatte. Meistens erzielten sie keine Wirkung, weil die Bomben häufig nicht zündeten. Einmal jedoch habe er „eine Bombe mitten in eine japanische Kolonne geworfen und damit dreißig Gelbe zum Hades befördert", wie die Japaner in „ihren Nachrichten" selbst behauptet hätten.

Da die Bombenabwürfe wenig Effekt erzielten, beschränkte sich Plüschow bald wieder auf das Beobachten der Japaner. Diese verfügten über moderne Doppeldecker, je drei Mann Besatzung, und machten Jagd auf Plüschow. „Mit meiner Parabellumpistole", habe er „mit dreißig Schuss" eines der japanischen Flugzeuge heruntergeholt.

Ihm selbst wäre es fast genauso ergangen. Während ihm ein japanischer Flieger im Nacken saß, erreichte Plüschow gerade noch im „Sturzflug" die Landebahn, „und als ich eben auf dem Platz aufsetzte, da krepierten schon die ersten feindlichen Bomben dicht hinter mir".

Derweil verschärfte sich die Lage in und um Kiautschou. Täglich wurde die deutsche Kolonie von der See her beschossen; bald setzte auch landgestütztes Artilleriefeuer seitens der Japaner ein. Am 14. Oktober wurde ein deutsches Küstenfort durch drei japanische Kriegsschiffe und ein englisches Linienschiff unter schweres Feuer genommen.

Die Verteidiger des Forts trafen mit ihrer Artillerie ein britisches Schiff, das daraufhin abdrehte. Ein deutsches Torpedoboot versenkte einen japanischen Kreuzer. Als das Torpedoboot seinen Treibstoff verbraucht hatte, wurden die Seeventile geöffnet, damit das eigene Boot unterging.

4.4.3 Das Ende in Tsingtau

Solche vereinzelten Abwehrerfolge änderten freilich nichts an der aussichtslosen Gesamtlage. Den 4000 deutschen Verteidigern standen 30 000 Japaner gegenüber. Diese zogen den Belagerungsring ständig enger und nahmen die Stellungen der deutschen Infanterie unter heftiges Feuer. Den Deutschen ging allmählich die Munition aus, denn sie erhielten keinerlei Nachschub. Mit äußerster Anstrengung setzte Plüschow seine Aufklärungsflüge fort, damit die Deutschen ihre wenigen Granaten nicht zwecklos verschossen.

Als der Kampf um Tsingtau längst entschieden war, traf am 27. Oktober aus dem fernen Deutschland ein Telegramm Wilhelms II. ein: „Mit Mir blickt das gesamte deutsche Volk voll Stolz auf die Helden von

Tsingtau, die getreu den Worten ihres Gouverneurs ihre Pflicht erfüllen. Seien Sie alle Meines Dankes sich bewusst!"

Ende Oktober gelang es, einen Großangriff der japanischen Infanterie abzuweisen. Nun wurden die Verteidiger erneut unter pausenloses Artilleriefeuer genommen. Oft explodierten die japanischen Granaten nicht. Trotzdem durchstießen die Japaner Anfang November 1914 die Linien der Deutschen. In Tsingtau bereitete man sich auf den „Endkampf" vor. Den österreichischen Kreuzer „Kaiserin Elisabeth" versenkte die eigene Besatzung.

Da Plüschow wegen der dauernden Beschießung den Flugplatz nicht mehr benutzen konnte, hatte er mit einem österreichischen Fliegerleutnant einen Wasserdoppeldecker gebaut, der freilich nicht mehr zum Einsatz kam. Vergebliche Mühe! Am 2. November 1914 erhielt Plüschow den Befehl des Gouverneurs Meyer-Waldeck, Tsingtau mit dem Flugzeug zu verlassen und „Geheimdokumente" mitzunehmen.

5. Um den halben Globus - die lange Flucht
5.1 Landung in China

Bevor er abflog, erklomm Plüschow eine Bergkuppe und betrachtete das Panorama der totgeweihten deutschen Kolonie. „Überwältigt von dem Anblick", sah er „ein züngelndes Heer greller Blitze, die von den

Mündungsfeuern der wütend hämmernden feindlichen Geschütze herrührten; und wie ein goldenes Band zog sich vom Meer zu den Bergen das Gewehr- und Maschinengewehrfeuer, welches unsere Leute im Tal abgaben". Plüschow glaubte, im Kampf der Deutschen „ein leuchtendes Beispiel edlen Heldentums" zu erkennen.

Welcher politische und militärische Sinn der Tragödie innewohne, verriet Plüschow nicht, zumal auf deutscher Seite niemand eine erfolgreiche Verteidigung erwartet hatte. Der Krieg um Tsingtau war daher ein zweckloser Opfergang, der etwa 200 deutschen Soldaten das Leben kostete. (Die Zahl der gefallenen japanischen Soldaten ist ungeklärt, dürfte aber weit höher liegen).

Am 6. November 1914 eroberten die Japaner die Erhebungen um Tsingtau, das ihnen nun ausgeliefert war. Einen Tag später kapitulierten die deutschen und österreichischen Soldaten. Sie kamen ebenso wie die deutschen Beamten der Stadt in ein japanisches Kriegsgefangenenlager. Erst 1920 kehrten die Letzten zurück.

Der Einzige, dem die Flucht aus Tsingtau gelang, war Gunther Plüschow. Einen Tag vor der Kapitulation, in den frühen Morgenstunden des 6. November, startete er vom Tsingtauer Flugplatz; dabei riss eine japanische Granate ein „faustgroßes Loch" in seine linke Tragfläche. Plüschow drehte nach Süden ab und wollte Hai-Dschou in der chinesischen Provinz Kiangso erreichen. Über Gebirge, Flüsse und Ebenen flog er hinweg.

Zwar erreichte Plüschow den Zielort, konnte aber wegen des ungünstigen Bodens schwer aufsetzen. Auf einem morastigen Reisfeld missglückte die Landung, weil die Reifen des Flugzeugs in der weichen Erde stecken blieben. „Mit einem mächtigen Stoß sauste meine Maschine auf die Nase; der Propeller flog in Stücke".

Plüschow wurde von zahlreichen neugierigen Chinesen umringt, mit denen er sich nicht verständigen konnte. Erst ein „Dr. Morgan" vom amerikanischen Konsulat befreite ihn aus dieser misslichen Lage. Der zuständige chinesische Mandarin und die Stadtregierung von Hai-Dschou hießen den Deutschen willkommen.

Jetzt kam Plüschow ein auf Chinesisch geschriebener „Pass" zugute, den ihm Meyer-Waldeck mitgegeben hatte. In diesem Dokument wurden die chinesischen Behörden angewiesen, Plüschow zum nächsten deutschen Konsulat zu bringen. Das Flugzeug sollte bis zum Kriegsende in China bleiben. Der kaisertreue Offizier Plüschow kannte nur ein Ziel der Flucht: Deutschland.

Den Motor seiner Rumpler-Taube demontierte Plüschow und ließ ihn bei dem Mandarin zurück. Die übrige Maschine verbrannte er schweren Herzens; das Flugzeug passte nicht durch die engen Stadttore von Hai-Dschou.

5.2 Shanghai

Plüschow trug nun keine Fliegerkombination mehr, sondern einen Zivilanzug. Mit etwa 50 Chinesen, die ihn begleiteten, ging Plüschow an Bord einer Dschunke. Bei „grimmiger Kälte" fuhr er über den Jangtsekiang und kam innerhalb von fünf Tagen bis Nanking. Zuvor hatte er am 11. November Jang-dschou-fou erreicht; in einer Zeitung las er, dass Tsingtau gefallen war.

In Nanking sollte Plüschow eigentlich freigelassen werden; doch brachen die Chinesen ihr Wort und wollten den Deutschen internieren. Gerade noch rechtzeitig entkam er und bestieg einen Zug, der ihn nach Shanghai brachte, in dessen europäischen Teil Plüschow flüchtete. Hier durften ihn die Chinesen nicht festnehmen. In Shanghai übergab Plüschow der deutschen Botschaft die erwähnten Dokumente, darunter das Kriegstagebuch von Tsingtau.

Da in Shanghai Engländer lebten, die Plüschow identifizieren konnten, logierte er unter verschiedenen Namen bei einigen „Bekannten". Sein Ziel war es, auf ein Schiff zu kommen, das in die USA fuhr. Plüschow nahm eine Identität als reicher Engländer namens „McGarvin" an, der seine Nähmaschinenfabrik in Kalifornien inspizieren wollte. Etwa drei Wochen, nachdem er Shanghai erreicht hatte, ging Plüschow alias McGarvin an Bord des amerikanischen Dampfers „Mongolia" und verließ am 5. Dezember 1914 Shanghai.

5.3 Amerika

An Bord der „Mongolia" stellte sich Plüschow krank, um nicht an Deck erscheinen zu müssen, wenn das Schiff japanische Häfen anlief. In Nagasaki, Kobe und Yokohama mussten die Passagiere im Salon antreten, um sich von japanischer Polizei überprüfen zu lassen. Um den scheinbar kranken „McGarvin" machten die Kontrolleure einen Bogen.

Sobald das Schiff die japanischen Gewässer verlassen hatte, konnte Plüschow wieder ein normales Leben führen. Kurz vor Hawai überstand das Schiff einen Taifun. In Honolulu angekommen, entdeckte Plüschow den kleinen deutschen Kreuzer „Geier", der sich hier hatte internieren lassen. Auf diesem Schiff begegneten Plüschow ehemalige Marinekameraden aus alten Tagen.

Sehr ungelegen kam Plüschow ein Artikel der Zeitung „Honolulu Times", in dem ausführlich über ihn und seine „Schandtaten" in Tsingtau berichtet wurde. Plüschow befürchtete nun, in San Franzisko durch amerikanische Behörden verhaftet zu werden, doch erwies sich diese Sorge als grundlos.

Manche Amerikaner an Bord der „Mongolia" kannten Plüschows Identität und empfahlen ihm, in den USA zu bleiben und seine Geschichte zu vermarkten, die ihm „plenty dollars" einbringen werde. Plüschow entgegnete: „Nun, ich will nach Deutschland und will für mein Vaterland kämpfen, ich bin doch Offizier!" Ein Amerikaner hielt ihm vor, dass Deutschland den Krieg verlieren und „aufgeteilt" werde; den Kaiser jage das eigene Volk davon. Für den Offizier Plüschow gebe es dann in Deutschland keine Existenzbasis mehr. Diese Vorhersage bewahrheitete sich zu einem großen Teil und nahm Plüschows zweite Lebenshälfte fast schon vorweg.

Am 30. Dezember 1914 lief die „Mongolia" in San Franzisko ein. Sogleich wurde Plüschow von Journalisten belagert, denen er sich jedoch rasch entzog. Die amerikanischen Behörden ignorierten den Flüchtigen, der in das deutsche Konsulat von San Franzisko eilte und hier den Jahreswechsel beging. Das pulsierende Leben der „wunderschönen" Stadt gefiel dem unfreiwilligen Globetrotter.

Bereits am 2. Januar 1915 bestieg Plüschow in San Franzisko einen Zug, der ihn zur amerikanischen

Ostküste bringen sollte. (Vermutlich hatte ihn das deutsche Konsulat mit Geld ausgestattet). Auf der Fahrt beeindruckte Plüschow die Faszination der amerikanischen Natur. In Virginia besuchte er Freunde und fuhr einige Tage später nach New York weiter. Drei Wochen hielt er sich in der Stadt auf und versuchte, eine Schiffspassage nach Europa zu erhalten.

In New York verärgerte ihn die amerikanische Presse, die gegen Deutschland Stellung bezog. „Kaum eine Zeitung, die nicht gegen Deutschland hetzte, die nicht die tapferen (deutschen) Kämpfer in den Dreck zog". Die Amerikaner seien von der englischen Propaganda getäuscht worden; sie fielen „urteilslos und dumm auf diesen groben Schwindel" herein.

Dass man in den USA – wohl nicht zu Unrecht – in Deutschland den Hauptverantwortlichen am Krieg sah, ignorierte Plüschow, der vor allem England hasste, welches das europäische Gleichgewicht verteidigte. Der ehemalige Lichterfelder Kadett war und blieb völlig mit dem wilhelminischen Regime identifiziert, dem er einst die Treue geschworen hatte.

In der Metropolitan Opera sah Plüschow das Stück „Hänsel und Gretl". Ihn überkam eine „wahnsinnig schmerzende Sehnsucht nach dem geliebten Vaterlande"; auf die Straße zurückgekehrt, musste

Plüschow erleben, wie „eine Menge vor Freude johlte", als die Nachricht verbreitet wurde, dass die „deutsche Kronprinzenarmee" geschlagen sei.

5.4 In britischer Gefangenschaft
5.4.1 Gibraltar

Endlich fand Plüschow das richtige Schiff. Er hatte sich einen falschen Reisepass besorgt. Als Schweizer Staatsbürger und Schlossergeselle „Ernst Suse" ging Plüschow am 30. Januar 1915 an Bord des neutralen italienischen Dampfers „Duca degli Abruzzi". Das Schiff sollte bis Neapel fahren; von dort aus gedachte Plüschow, direkt nach Deutschland weiterzureisen.

Die Fahrt auf dem maroden Schiff, das im starken Seegang beinahe gekentert wäre, belastete sogar den erfahrenen Seemann Plüschow. In seiner Kabine tummelten sich Wanzen.

Doch es sollte weit schlimmer kommen. Plüschow erkrankte an Malaria; ein italienischer Arzt versorgte ihn, ohne dass sich Plüschows Zustand besserte. Der Deutsche konnte seine Kabine, die er mit einem dauernd betrunkenen Engländer, einem Franzosen und einem seekranken Schweizer teilte, vorläufig nicht verlassen. Erst am 8. Februar 1915, als der Dampfer Gibraltar erreichte, war Plüschow einigermaßen gesund.

Wider Erwarten ankerte das Schiff bei der britischen Kolonie Gibraltar. Eine unangenehme Überraschung! „So weit", meinte Plüschow, „waren die Italiener schon Sklaven der Engländer geworden." (Am 23. Mai 1915 trat Italien an der Seite der Entente in den Krieg ein. Österreich-Ungarn hatte sich geweigert, italienisch-sprachige Gebiete der Donaumonarchie Italien zu überlassen).

Englische Matrosen und Polizisten betraten das Schiff und gaben die Anweisung, dass sich alle Passagiere, die keine Engländer oder Italiener waren, auf der Kommandobrücke einzufinden hätten. „So ganz wohl war mir dabei nicht zumute".

Ein englischer Offizier hatte Plüschow/ Ernst Suse bereits durchgewunken, da kam es doch noch zur Katastrophe. Ein Schweizer, den Plüschow bis dahin nicht gesehen hatte, bezichtigte ihn, ein deutscher Offizier zu sein, mit der Begründung, dass Plüschows Kleidung kein Namensschild enthalte. „Ach, hätte ich diesem Hund seine Hirnschale einschlagen können!"

Plüschow vermutete, dass es sich bei dem Schweizer um einen professionellen Spion gehandelt habe. Mit Plüschow wurden auch vier andere vermeintliche Schweizer als Deutsche „enttarnt". Dies geschah dadurch, dass ein anderer Schweizer sie aufforderte, „Schwyzer Dütsch" zu reden; keiner der Prüflinge bestand dieses Examen. Umsonst versuchte Plüschow, sich als Italiener darzustellen, den es nach Amerika verschlagen habe. Man führte ihn ab, wobei er eine „Wut empfand, die mich fast zum Wahnsinn brachte". Als Plüschow abgeführt wurde, habe er dem Schweizer „Spion" mit der Faust gedroht, aber der regierte laut Plüschow nur mit einem „hysterischen Verräterlachen".

5.4.2 In verschiedenen Lagern

Nach der Kapitulation von Tsingtau war Plüschows Gefangennahme in Gibraltar der zweite große Rückschlag seines Lebens. Die enormen Anstrengungen der Flucht waren, so schien es zumindest, vergeblich gewesen. Tiefste Depression plagte ihn, sodass er „kaum fähig (war) einen Gedanken zu fassen, so niedergeschmettert" fühlte er sich. „Gefangen!" Höhenflug und Absturz lagen bei dem ehrgeizigen Offizier oft eng nebeneinander.

Plüschow wurde von britischen Soldaten in erniedrigender Weise untersucht und seines Geldes beraubt. Auf dem Gipfel des Felsens von Gibraltar wurde Plüschow mit seinen Leidensgenossen kurzzeitig in einer Kaserne untergebracht. Sie kamen auf einen britischen Truppentransporter, ein „schwimmendes Gefängnis", das sie in zehntägiger Fahrt nach Plymouth brachte.

Auf der Fahrt dorthin hatte sich Plüschow als deutscher Offizier zu erkennen gegeben, in der Hoffnung, besser behandelt zu werden. Ihm Privilegien zu gewähren, machten die Briten davon abhängig, dass er versprach, nicht flüchten zu wollen. Entrüstet wies Plüschow dieses Ansinnen zurück.

In Plymouth mussten die Gefangenen einen Zug besteigen, der sie nach Portsmouth (südwestlich von London) in ein „Arresthaus" des britischen Militärs brachte. Plüschow und seine Schicksalsgenossen freundeten sich mit den Wärtern an, von denen sie relativ gut versorgt wurden.

Nur einige Tage vergingen, bis man die Deutschen auf einen Dampfer namens „Andania" zwängte, der auf der Reede von Portsmouth lag und als Gefangenenschiff diente. Der Kommandant der „Andania" kündete Plüschow an, dass er ihn besonders schlecht behandeln wolle, denn die britischen Gefangenen in Deutschland hätten auch zu leiden.

Gemeinsam mit einem anderen Gefangenen lebte Plüschow in einer sehr kleinen Kabine des Schiffes, auf dem insgesamt über tausend Kriegsgefangene untergebracht waren. Das „eintönige Leben" an Bord des Schiffes verlief ähnlich wie in einem Gefängnis. Ständig kam es zu Reibereien zwischen Plüschow und dem britischen Kommandanten.

Wieder dauerte es nur wenige Tage, und Plüschow sowie einige Mitgefangene wurden erneut verlegt. Mit dem Zug fuhren sie in ein Gefangenenlager der Stadt Dorchester (südwestliches England). Sie kamen in eine Holzbaracke. „Ein winziger Strohsack und zwei wollene Decken" bildeten den Schlafplatz. Aber Plüschow wurde in dem neuen Quartier als Offizier anerkannt und gut behandelt. Die Offiziere des Lagers bemühten sich um das Wohl der etwa 3000 Gefangenen.

Weil Plüschow als Offizier eine bessere Unterkunft zustand, kam er Ende März 1915 per Eisenbahn und Auto in das Offizierslager Holyport nahe London. Alte Bekannte des Ostasiatischen Kreuzergeschwaders traf er hier und fühlte sich erst einmal „wie im Paradies".

Die Gefangenen erhielten sogar ein monatliches „Gehalt" für persönliche Zwecke; der Postverkehr mit Deutschland funktionierte reibungslos. Zu seinem großen Bedauern musste Plüschow bereits Ende April das Lager Holyport wieder verlassen. Man brachte ihn nordwärts in das Offizierslager Donington Hall bei Derby (Mittelengland). Die Gefangenen wurden in einem leergeräumten Schloss mit Park einquartiert.

5.4.3 Entkommen!

Auch weil er keine Post aus Deutschland mehr erhielt und ihn das „Triumphieren der englischen Zeitungen" quälte, die den Kriegseintritt Italiens bejubelten, litt Plüschow am „unerträglichen" Leben in Donington Hall. Die Sehnsucht, wieder nach Deutschland zu kommen, überwältigte den Gefangenen.

Tag und Nacht grübelte Plüschow, wie eine Flucht zu bewerkstelligen sei, untersuchte den Drahtverhau, der das Lager umgab, beobachtete die Gewohnheiten des Wachpersonals. Schließlich fand er eine Schwachstelle des Drahtzauns und erfuhr außerdem, wo genau Donington Hall lag, sodass er einen Fluchtplan entwerfen konnte.

Gemeinsam mit dem Marineoffizier Trefftz wollte Plüschow am 4. Juli 1915 fliehen. An diesem Tag meldeten sich die beiden krank. Während es stark regnete, gingen sie in den Park und versteckten sich in der Nähe des Stacheldrahts. „In atemloser Spannung" warteten sie bis zum Abend. Noch merkten die Engländer nicht, dass die zwei „Kranken" fehlten. Andere Deutsche hatten sich in deren Betten gelegt, um die Flucht ihrer Kameraden zu decken.

Gegen Mitternacht warteten Plüschow und Trefftz eine Wachablösung der Engländer ab, krochen aus ihrem Versteck, gingen zu der Stelle des Drahtverhaus, die Plüschow ausgekundschaftet hatte, überstiegen mehrere Stacheldrähte, schlichen am Wachthaus der Engländer entlang - und waren frei! Verletzt vom Stacheldraht, zogen sie zivile Regenmäntel an und erreichten in den frühen Morgenstunden des 5. Juli die Stadt Derby. Plüschow und sein Kompagnon trennten sich; mittels Eisenbahn kam Plüschow nach London.

Trefftz und Plüschow hatten sich in London wieder zusammentun wollen, doch Trefftz erschien nicht. Auch einen neutralen Dampfer, der in Richtung Kontinent fuhr, konnte Plüschow nicht ausfindig machen. Im Vorgarten einer Londoner Villa schlief Plüschow die erste Nacht in Freiheit.

Am nächsten Morgen entdeckte er Plakate, auf denen stand, dass Trefftz am Vorabend in den Londoner Docks verhaftet worden sei und dass nach Plüschow gefahndet werde! Er wurde bereits steckbrieflich von Scotland Yard gesucht: „Hunt for escaped German, 5 feet, 5,5 inches, hair blonde, eyes blue, tattoo marks: chinese dragon (Drachen) on left arm". Der Flüchtige habe eine „hohe Stimme".

Plüschow nahm vorerst eine neue Identität als Dockarbeiter George Mine an, färbte seine Haare, hatte aber keinen Ausweis und schwebte darum in großer Gefahr. Tagelang trieb er sich in London umher, bis er zufällig von einem holländischen Dampfer erfuhr, der nach Vlissingen fahren sollte. Der Dampfer lag an einer Boje befestigt; es gelang Plüschow nicht, an Bord zu kommen.

Der zweite Anlauf missriet genauso. Mitten in der Nacht schwamm Plüschow zum niederländischen Dampfer „Prinzess Juliana", den er wegen starker Strömung nicht erreichte. In der nächsten Nacht entwendete Plüschow ein Ruderboot, um zu dem Schiff zu gelangen, blieb aber auf der Themse, als die Ebbe kam, im Schlamm stecken – allen Blicken ausgeliefert! „Ich befand mich wohl in der kritischsten Lage der ganzen Flucht". Immerhin vermochte Plüschow unerkannt zum Ufer zurückzukehren.

Er dachte schon daran, sich zu stellen, kam jedoch in der übernächsten Nacht dank eines kleinen Ruderbootes doch noch unbemerkt an Bord der „Prinzess Juliana", wo er sich als „blinder Passagier" in einem Rettungsboot versteckte. Der Schlaf übermannte ihn. Als Plüschow erwachte, lief das Schiff gerade in Vlissingen ein.

Unbemerkt verließ der Deutsche das Schiff im Hafen und befand sich endgültig in Freiheit. Am liebsten wäre er „vor Freude wie ein Tollhäusler" herumgesprungen. Zunächst nahmen ihn zwei Deutsche in Vlissingen auf; am nächsten Tag fuhr er mit dem Zug über die deutsche Grenze. In Goch, dem ersten deutschen Ort, verließ er die Bahn und wurde sofort verhaftet.

Man glaubte, dass Plüschow ein Spion sei und brachte ihn nach Wesel. Dort erkannte ihn jedoch ein alter Marinekamerad und Plüschow durfte den nächsten Zug besteigen.

6. Wieder in Deutschland
6.1 Kriegsdienst

Am 13. Juli 1915 war damit eine fast neunmonatige Flucht, die in Tsingtau begonnen hatte, zu einem glücklichen Ende gekommen. Der Oberleutnant zur See Plüschow gilt als der einzige deutsche Soldat, der zwischen 1914 und 1918 in England aus der Kriegsgefangenschaft entkam.

Noch an dem genannten Julitag erreichte Plüschow den Bahnhof Zoo in Berlin; hier erwartete ihn seine Braut Isot Kempfe. Tags darauf meldete er sich bei dem Reichsmarineamt zurück. Plüschow hatte bereits 1914 das Eiserne Kreuz Zweiter und Erster Klasse erhalten; jetzt wurden ihm das Ritterkreuz des Königlichen Hausordens der Hohenzollern sowie andere Orden deutscher Fürstenhäuser verliehen.

Zunächst lernte der Heimkehrer, neue Seeflugzeugtypen zu fliegen. Dann befehligte er die Marineflieger von Kiel/Holtenau. Kaiserin Auguste Viktoria besuchte Plüschow in Kiel, ehe er das Kommando über die Seeflugstation in Libau erhielt. An die Westfront wollte man ihn nicht schicken, da er nicht wieder in britische Gefangenschaft geraten sollte.

Bevor Plüschow nach Libau ging, stattete er Hindenburg und Ludendorff einen Besuch ab. Der junge Offizier schilderte den Kampf um Tsingtau und die dramatische Flucht. Hindenburg fragte, ob er Plüschow einen Wunsch erfüllen könne. Der Offizier bat um eine Heiratserlaubnis, die ihm Feldmarschall Hindenburg erteilte. Im Oktober 1915 wurde er zum Kapitänleutnant befördert.

Plüschow bildete das Libauer Geschwader darin aus, Bomben abzuwerfen und Torpedos einzusetzen. Isot und Gunther heirateten im Juni 1916, getraut von einem Marinepfarrer, in der Flugzeughalle der Libauer Seeflieger. „Ein Wiking hat sich sein Weib geholt!", schrieb Isot.

1916 erschien im Ullstein-Verlag Plüschows Buch „Die Abenteuer des Fliegers von Tsingtau". 700 000 Exemplare wurden verkauft und machten ihn weithin berühmt. Nicht zum letzten Mal betrat Plüschow die Bühne der Öffentlichkeit; später verfasste er weitere Bücher und drehte sogar Filme.

Mit Schrecken habe Plüschow seit 1917 zur Kenntnis nehmen müssen, berichtete Isot, dass sich bei manchen Soldaten „Auflehnung und erlöschender Kampfgeist" bemerkbar machten, worin Plüschow einen „furchtbaren Feind" gesehen habe. Immer noch setzte Plüschow, wie so oft, seine Fähigkeiten und Willensstärke zugunsten äußerst fragwürdiger Ziele ein, die er offenbar nie ernsthaft reflektiert hat. Plüschow habe es vorgezogen, die ihm Untergebenen genau zu kontrollieren, um das, „was faul und modrig sein könnte, mit Stumpf und Stiel auszurotten".

6.2 Das Ende des Kaiserreiches

Mitte 1918 erhielt Plüschow ein Telegramm, in dem zu lesen stand, dass sein Bruder Wolfgang, auch er ein Militärflieger, tödlich abgestürzt war. Plüschow sah in dessen Tod ein „Fliegerschicksal". Nach dem Tod der Eltern und der Schwester hatte er nun einen Bruder verloren.

Anlässlich der erwähnten Todesnachricht habe Plüschow seinen Bruder Hans, Major im Mecklenburgischen Füsilier-Regiment Nr. 90, an der Westfront besucht und erkannt, „wie furchtbar dieser Krieg" sei und dass der wechselseitige Hass der Völker das Kriegsende überdauern könne. Kamen ihm jetzt erste Zweifel am Sinn des Krieges oder gar seines Berufes?

Sofern er Bedenken hegte, schob er sie vermutlich beiseite. In Libau hatte Plüschow eher wenig zu tun; daher ging er häufig auf „Inspektionsreisen", um fliegerische Erfahrungen, die er gemacht hatte, weiterzugeben. Im Juli 1918 wurde Plüschow nach Seddin bei dem pommerschen Ort Stolp versetzt. Hier waren Luftschiffe der Marine stationiert, die Aufklärungsflüge und einzelne Bombenangriffe durchführten. Derweil bezog Isot in Pommern ein Haus, in dem sie die Geburt des gemeinsamen Kindes erwartete. In Seddin erlebte Plüschow das Kriegsende.

Kurz zuvor gebar Isot einen Sohn, Guntolf geheißen. Wilhelm II. floh am 10. November 1918 schmählich ins niederländische Exil. Deutschland hatte den Krieg verloren; alle furchtbaren Opfer waren sinnlos und vergeblich gewesen. Über Nacht stand der ehemalige Lichterfelder Kadett, Schiffsoffizier und Seeflieger Gunther Plüschow vor einem gescheiterten Lebenswerk. Den Untergang der Hohenzollern, welchen er einst Treue geschworen hatte, empfand er als persönliche Niederlage.

Die bei den Seefliegern eingeholte kaiserliche Flagge barg Plüschow „wie ein Heiligtum an seiner Brust".

7. Vom Militär zum Entdecker

7.1 Der Abstieg: Kinoansager

Kaum war der Krieg beendet, eilte Plüschow in die deutsche Hauptstadt, da er den Gang der politischen Dinge beobachten und beeinflussen wollte. In Berlin trat er der antirepublikanischen „Bürgerwehr" bei, um seinen Willen zu demonstrieren, „aus den Trümmern des alten Reiches ein neues Deutschland aufzubauen".

Freilich hätte dieses „neue" Deutschland große Ähnlichkeit mit dem alten gehabt. So symphatisierte Plüschow mit dem Kapp/Lüttwitz-Putsch, den Kapitän Ehrhard anführte, ein „alter Marinekamerad", dessen Soldaten „im altpreußischen Gleichschritt durch den Triumphbogen des Kaiserreichs, das Brandenburger Tor", marschierten.

Jedoch hielt Plüschow diesen Staatsstreichversuch für aussichtslos, weil den Putschisten die „harte Zuversicht" fehle, welche „die erste Vorbedingung für den Erfolg ist". Plüschow warf also den Gegnern der Weimarer Republik mangelnde Konsequenz vor und habe geglaubt, wie Isot 1933 schrieb, dass die „Zeit der Erweckung noch nicht gekommen" sei.

Hierzu passte es, dass Plüschow auf seinen Antrag hin am 22. November 1919 aus dem Militär entlassen und mit 33 Jahren pensioniert wurde. Vermutlich hätte er gute Chancen gehabt, dass ihn die Reichsmarine übernahm, aber der Republik wollte er offensichtlich nicht dienen. Bezeichnenderweise hat er nur einmal daran gedacht, sich um eine Aufnahme in die Reichswehr zu bemühen – im Frühjahr 1921, als in Mitteldeutschland „ein Kommunistenaufstand wie der rote Hahn über einem nächtlichen Gehöft" entbrannte.

Erst einmal geriet Plüschow in berufliche Turbulenzen, die ihn an den Rand des sozialen Absturzes brachten, zumal die verheerende Inflation alle Ersparnisse und Einnahmen wegfraß. Unmittelbar nach Kriegsende schien er noch Fuß fassen zu können. Da es eine große Zahl ausrangierter Militärflugzeuge gab, stellte ihn der Ullstein-Verlag als Zeitungs- und Nachrichtenflieger ein. Von Johannisthal aus flog er wochenlang zahlreiche deutsche Städte an, beispielsweise Weimar, wo 1919 die deutsche Nationalversammlung tagte.

Die Rückkehr zur Fliegerei blieb jedoch ein Intermezzo. Aufgrund des Versailler Vertrages musste Deutschland alle Militärflugzeuge verschrotten. Plüschow war gezwungen, eine neue Beschäftigung zu suchen und begann auf Empfehlung eines Bekannten eine Tätigkeit als Kinovorführer in Halensee (Charlottenburg). Mühsam schluckte er „alle Bitterkeit" herunter, die hiermit verbunden war, profitierte aber langfristig davon, dass er die Welt des Films kennengelernt hatte.

Der gleiche Mentor verschaffte dem Ex-Offizier 1920 eine neue Stelle als Verkäufer in einem Autogeschäft auf dem Kurfürstendamm. Hier frönte Plüschow seiner Leidenschaft für Motoren und erneuerte alte persönliche Kontakte, die er geschäftlich nutzte.

Bald eröffnete er eine eigene Auto-Reparatur-Werkstatt und handelte mit Autos und Motorrädern. Weil Isot ihren teuren Schmuck verkauft hatte, war es ihm möglich gewesen, ein Auto- und Motorradgeschäft aufzubauen. Plüschow erstand einen Sportwagen und nahm sogar an Motorrad-Rennen auf der Avus teil.

Kurzzeitig bereiste Plüschow als Vertreter eines Stahlwerks mehrere europäische Länder. Diese verschiedenen Tätigkeiten in den frühen 20er-Jahren befriedigten ihn letztlich nicht; er trauerte der großen Zeit nach, in der er Seemann und Flieger gewesen war. Daher erwarb Plüschow 1922 das Kapitänspatent für Handelsschiffe auf großer Fahrt. Nach den Irrungen und Wirrungen der frühen Nachkriegszeit geriet er nun in ein völlig anderes Fahrwasser.

7.2 Reise nach Südamerika
7.2.1 Die Reederei Laeisz

Mitte der 20er-Jahre skipperte Gunther Plüschow eine große Luxusjacht durch das Mittelmeer. Nur in „freier, ungebundener Meerfahrt", glaubte Plüschow, vermochte sich „sein Schicksal" zu erfüllen. Sogar Gibraltar, wo er 1915 in Gefangenschaft geraten war, besuchte er und heilte dadurch jene „Bitterkeit", die er mit diesem Ort verknüpft hatte. Nun sei es ihm endgültig möglich gewesen, wieder nach vorn zu blicken.

Auf einer Reise durch das südliche Mittelmeer geriet die Yacht in einen schweren Sturm, wurde beschädigt, musste repariert werden und lief deshalb in Alexandria ein. Um den Passagieren im Hafen Kurzweil zu verschaffen, erzählte ihnen Plüschow seine zahlreichen Abenteuer. Hier habe er endgültig die Berufung entdeckt, anderen Menschen, die nie eine Chance hatten, Ungewöhnliches zu erleben, Freude zu bereiten.

Während einer anderen Mittelmeerfahrt begegnete Plüschow dem berühmten Hamburger Reeder Erich Laeisz. Die beiden kamen ins Gespräch, und Plüschow lobte den Reeder dafür, dass er einer der Letzten sei, die Segelschiffe in die Welt entsandten. Gemeint waren die legendären P-Liner, deren Schiffsnamen alle mit einem „P" begannen. Als Plüschow dem Reeder erzählte, dass ihn Südamerika begeistere, lud dieser ihn ein, in der Funktion eines „Verwalters" auf dem Viermast-Vollschiff „Parma" nach Südamerika zu reisen. Sogleich kündigte Plüschow die Stelle als Kapitän der Kreuzfahrtyacht und eilte nach Berlin!

Dort traf er umfangreiche Reisevorbereitungen, die wesentlich darin bestanden, dass er Filmgeräte und Fotoapparate beschaffte. „Von lodernder Begeisterung erfüllt", erklärte Plüschow seiner Frau Isot, in Südamerika „Land und Leute, Tierleben und die herrliche Natur" filmen und über sie „ein Buch" schreiben zu wollen.

Alle Vorarbeiten erledigte Plüschow binnen einer Woche. „Das erste Mal nach vielen Jahren", schrieb Isot, „war Gunther wieder einmal richtig auf Touren gekommen". Plüschow gab eine lukrative Kapitänsstelle auf, um die unbezahlte, kurzfristig terminierte Südamerikareise anzutreten. Ein Jugendtraum erfüllte sich; er konnte nun seinem Leben eine Richtung geben, die er sich immer gewünscht hatte. Abenteuerlust und Entdeckerfreude motivierten Plüschow zu neuer Aktivität.

Da er aus politischen Gründen eine militärische Laufbahn nicht mehr erstrebte, war diese neue Sinnstiftung besonders wichtig, zumal sie ihm auch die Gelegenheit bot, Geld mit Reisebüchern und Filmen zu verdienen. Außerdem lockte ihn die Flucht aus einer politischen und beruflichen Realität, die ihn wenig befriedigte.

An seine Familie verschwendete er kaum einen Gedanken. Frau und Sohn durften ihm hinterherwinken, als er an Bord der „Parma" stand, die den Hamburger Hafen am 15. September 1925 verließ. Noch im hohen Alter klagte Guntolf, dass er seinen „strengen" Vater im Grunde nie wirklich kennengelernt habe.

7.2.2 An Bord der „Parma"

Über das portugiesische Madeira segelte die „Parma" in den Gürtel der Passatwinde und kreuzte den Äquator. „Die Tage verstrichen in herrlicher Gleichheit und Harmonie mit der Natur". Nach 75 Seetagen erreichte man die Falklandinseln; die Besatzung der „Parma" gedachte des deutschen Ostasiatischen Kreuzergeschwaders, das hier im Dezember 1914 versenkt wurde (vgl. oben). Plüschow sichtete kurz darauf die „wild zerklüftete Küste Feuerlands", die an norwegische Fjorde erinnere, „nur wilder, gigantischer, völlig öde und verlassen", ohne jedes Anzeichen von Leben.

Bei Kap Hoorn geriet die „Parma" in schwere Stürme, die Plüschow filmte. „Urgewaltiges, orkanartige Fallwinde" brachen über das Schiff herein und strapazierten die Mannschaft bis zum Äußersten. Die See „kocht, brodelt, brüllt"; auf die „Parma" stürzten „ungeheure grüne Wasserberge". Gerade deshalb habe er an Bord der „Parma" die „herrlichste Segelfahrt" seines Lebens unternommen.

Endlich erreichten sie um die Weihnachtszeit 1925 den chilenischen Hafen Valdivia. Plüschow verließ die „Parma" und fand Aufnahme bei in Valdivia lebenden Deutschen, einer Stadt, die Plüschow für ein Symbol „des festesten, treuesten Deutschtums" hielt.

Im Gegensatz zu vielen Landsleuten in der Heimat hätten diese Deutsch-Südamerikaner an „Deutschlands Wiederaufstieg" geglaubt; in deren Empfindungen habe Plüschow „sein eigenes Leben und Streben" eingehakt und sich „als Verkünder der Gegenwart Deutschlands" betätigt. Die „stolze Zuversicht" der Deutschen in Südamerika wollte Plüschow den „Laschen und Lauen in der Heimat mitbringen".

7.2.3 Feuerland

Plüschow reiste tief in das küstenferne Gebiet und filmte Hirten (Gauchos) der Pampa, gelangte dann an Bord des kleinen Dampfers „Apollo" in den Süden des Kontinents. Das Schiff befuhr zahlreiche unerforschte Fjorde und Buchten der patagonischen Küste. Nahe gefährlicher Gewässer, die auf keiner Seekarte verzeichnet waren, ragten an der Küste „mächtige Urwaldbäume" direkt neben „gewaltigen Gletschern" empor, eine urtümliche Landschaft, die Plüschow zutiefst „geheimnisvoll" dünkte. Auch an einer Waljagd nahm er teil.

Zufällig begegnete ihm in Patagonien ein Engländer, der in Kiautschou gekämpft und Plüschows Buch „Der Flieger von Tsingtau" gelesen hatte. Man habe Freundschaft geschlossen und einander in „sportlicher Pfadfinder-Kameradschaft" die Hand gegeben. Offensichtlich erkannte Plüschow hierin keinen

Widerspruch zum Engagement im Krieg. Den Krieg als sportliches Abenteuer misszuverstehen, war damals weit verbreitet.

In „Ultima Esperanza" angekommen, einer kleinen, weit südlich gelegenen Stadt, drang Plüschow zu Pferd ins Landesinnere vor. Er studierte die „wildzerklüfteten Gesteinsmassen" jener Berge und besuchte Aurakaner-Indianer.

Plüschow fand heraus, dass weite Teile dieses „Feuerlandes", hunderttausende Quadratkilometer, noch unerforscht seien. „Eine große Aufgabe für einen großen Mann", die zu bewältigen er ein Leben lang, besonders „nach dem Zusammenbruch Deutschlands" 1918, sich gewünscht habe. Seine „eigentliche Berufung" glaubte der nun 40-Jährige gefunden zu haben, nämlich „ein Entdecker und Verkünder der Schönheiten dieser fremden Welt zu sein".

Sein Begleiter wies den Deutschen darauf hin, dass niemand wisse, was jenseits der hohen Berge, welche die beiden bewunderten, verborgen liege. „Ich werde es wissen, ich komme wieder", soll Plüschow entgegnet haben. Dachte er dabei an eine Erkundung mittels Flugzeug?

Mit dem Dampfer „Planet" der Reederei Laeisz fuhr Plüschow die Westküste Südamerikas wieder nordwärts, filmte Menschen und Natur, arbeitete auch politisch, denn er hielt in den chilenischen Städten Concepcion, Santiago und Valparaiso mehrere Vorträge bei Deutschen. Er referierte über „Die Abenteuer des Fliegers von Tsingtau", „Deutsche im Weltkrieg" und „Deutschlands Jugend und Kolonialpioniere". Wenn er nach Deutschland zurückkehre, wolle er sagen, dass „dort draußen, über dem fernen Weltmeer, ungebrochen und stark die deutsche Wacht steht".

Nachdem er Peru und Ecuador besucht und Kontakte zu weiteren „Pionieren des Auslandsdeutschtums" geknüpft hatte, dampfte er im Frühsommer 1926 vom Panamakanal aus an Bord der „Planet" nach Deutschland zurück. Insgesamt hatte die Reise etwa acht Monate gedauert.

In Berlin angekommen, schilderte er seine Erlebnisse in dem Buch: „Segelfahrt ins Wunderland – Im Reich der Papageien und Guanakos" (Ullstein-Verlag, 1926). Zehntausend Meter Film hatte er während der gesamten Reise abgedreht und damit einen der frühesten Dokumentarfilme überhaupt geschaffen.

Im Oktober 1926 wurde in einem Berliner Kino Plüschows Film uraufgeführt; danach folgten Darbietungen in ganz Deutschland; der Film avancierte zu einem großen Erfolg. Nach dem „Durcheinander von Krieg und Inflation" hätten die grandiosen Naturschönheiten, welche der Film zeigte, das Publikum begeistert. Die kurze Flucht aus einer vermeintlich unbefriedigenden Wirklichkeit stieß offenbar auf große Resonanz.

Um die Weihnachtszeit 1926 traf Plüschow „seinen alten verehrten Gönner", Paul von Hindenburg, der es mittlerweile zum Reichspräsidenten gebracht hatte, und erzählte dem greisen Feldmarschall, was er in Südamerika erlebt hatte.

8. Die erste Feuerland-Expedition
8.1 Reisevorbereitungen

Anfang 1927 beendete Plüschow die Vortragsreisen und bereitete seine erste Expedition nach Feuerland vor. Den Redakteuren des Ullstein-Verlages erläuterte der Fahrensmann seinen Plan: Mit einem Segelkutter wollte er durch den englischen „Kanal über die Biskaya, Spanien, Teneriffa" fahren. „Von hier aus überquere ich den Atlantik, fahre die Ostküste Südamerikas entlang" bis zur Magellanstraße, wo für Plüschow dann ein „Wasserflugzeug bereitliegen" sollte, mit dem er etappenweise „nach Norden", also Feuerland, in „unerforschte Eiszeitwelten vorzustoßen" gedachte.

Zwischen dem 51. und 47. Grad südlicher Breite, erläuterte Plüschow den Redakteuren, „sehen Sie die weißen Flecken der Karte". Die Kosten der Expedition, die Finanzierung eines Segelkutters sowie eines Wasserflugzeuges, wollte Plüschow übernehmen.

Der Ullstein-Verlag wiederum sollte ihm die „laufende Abnahme der literarischen Ausbeute" seiner geplanten Reise zusichern, womit sich der Verlag einverstanden erklärte.

Erneut verfiel Plüschow einer unermüdlichen Aktivität. In einer Büsumer Werft ließ er sich einen 16 Meter langen, zweimastrigen Segelkutter mit Hilfsmotor bauen, „Feuerland" getauft, der meistens „Holzpantine" genannt wurde. Zur Expedition gehörten auch eine Luftbildkamera, sonstige Ausrüstung und Proviant.

Mit seinem „Selve-Rennwagen" brauste Plüschow häufig zum Flugplatz Staaken, um mit einem Schulflugzeug zu trainieren, da er schon seit Jahren nicht mehr geflogen war. In Lübeck belegte Plüschow einen Wiederholungskurs in Schiffsnavigation.

Bei den Warnemünder Heinkelwerken mietete Plüschow einen offenen, zweisitzigen Doppeldecker, ein neues und silberfarbenes Wasserflugzeug, das den Namen „Silberkondor" erhielt. „Tsingtau D. 13. 13" stand mit großen Buchstaben auf dem Rumpf der Maschine. Der Dampfer „Planet" (Reederei Laeisz) transportierte das zerlegte Flugzeug zur Magellanstraße. Plüschows künftiger Copilot und Flugingenieur Ernst Dreblow fuhr mit der „Planet"; das Flugzeug sollte vor Ort wieder zusammengesetzt werden.

Drei Seeleute, darunter der Steuermann Seppl Schmidt von der Reederei Laeisz, gewann Plüschow als Besatzung für die „Feuerland". Auch der Filmexperte Kurt Neubert, wegen seines roten Hemdes „Garibaldi" geheißen, kam mit auf die Reise, ebenso Plüschows Frau Isot, die eben noch als „Dame" in der „Berliner Gesellschaft" verkehrt hatte, jetzt aber an Bord der „Feuerland" den „Smutje" machte, während Sohn Guntolf, wahrscheinlich unter fremder Obhut, zurückblieb.

8.2 Mit der „Holzpantine" über den Ozean

Am 27. November 1927 verließ die „Feuerland" Büsum; das große Abenteuer begann. „Gunther Plüschows Knabenträume", wie ein Wikinger die Meere zu befahren, hätten sich erfüllt, glaubte Isot. Die meeresunerfahrene Hausfrau fiel allerdings rasch der „fürchterlichen Seekrankheit" anheim. Bereits auf der stürmischen Nordsee geriet die „Holzpantine" in Schwierigkeiten. Da der Kutter stark Wasser machte, liefen sie notgedrungen in Emden ein, obwohl es Plüschow versäumt hatte, alle notwendigen Seekarten mitzunehmen.

Im Dock wurde das Leck der „Holzpantine" beseitigt; trotz ihrer Erfahrungen mit der Seekrankheit blieb Isot vorläufig noch an Bord. Kaum auf die rauhe Nordsee zurückgekehrt, wurden die Wasserfässer aufgrund der Bewegungen im Seegang undicht und mussten in einem niederländischen Hafen ausgebessert werden. Im englischen Kanal, an dessen Küsten immer noch gesunkene deutsche U-Boote lagen, traf sie wieder ein Sturm; erneut musste ein leckes Wasserfass repariert werden. Endlich erreichen sie die Biskaya.

Da sie erst spät im Jahr ausgelaufen waren, erlebten sie hier noch weit schlimmere Bedingungen. Eine „riesige Ozeandünung" rollte vom Atlantik her an; „unsere Nussschale liegt darin wie ein Atom". Vergeblich mühte sich Plüschow, seiner Frau zu erklären, warum die Seeleute „das Meer lieben, lieben müssen, wie es uns Seeleute hält und packt"; für Isot blieb die See etwas „ganz Unheimliches, Unfassbares".

In der Biskaya gerieten sie in einen schweren Sturm und kreuzten ständig gegen den Wind; zugleich packte die Seekrankheit Isot mehr denn je. Schließlich gelang es, die spanische Stadt Vigo anzulaufen. Isot ging schleunigst von Bord, um heimwärts zu reisen. „Grüß mir unser Kind, so das Schicksal will, in nicht mehr als zwei Jahren auf Wiedersehen!" gab ihr Gunther zum Abschied auf den Weg. Doch Isot, die bereits „abgemustert" hatte, kehrte an Bord zurück. Sie hatte in Vigo den Zug verpasst!

Freilich blieb sie nicht mehr lange auf der „Feuerland". Dank rascher Fahrt erreichten sie zur

Weihnachtszeit 1927 Lissabon. Hier lag der deutsche Dampfer „Cap Arkona", dessen Luxus und Größe Isot nicht widerstehen mochte. Endgültig packte sie die Sachen und fuhr mit dem Dampfer zurück in die Heimat. (In ihrem 1933 veröffentlichten Buch hat Isot diesen Sachverhalt bewusst falsch dargestellt und behauptet, dass sie wegen ihres Sohnes umgekehrt sei).

Bei warmem Frühlingswetter und stetiger Brise sichtete die Mannschaft der „Feuerland" schon bald Madeira. Dann erreichte die „Holzpantine" Teneriffa; hier wurden einige Reparaturen erledigt, Proviant gebunkert, und erstmals sandte Plüschow einen abgedrehten Film nach Hause.

Nun begann die eigentliche Atlantiküberquerung. Mit Südkurs segelten sie zunächst dem Äquator entgegen und nutzten dabei den Passatwind. An den Kapverden und der Insel Fago, auf der ein gewaltiger Vulkan lag, schipperten sie vorbei. In der Nähe des Äquators gerieten sie jedoch in eine zähe, mehrtägige Flaute.

Schließlich kamen sie im brasilianischen Bahia an und legten hier einen Zwischenstopp ein, genossen nach wochenlanger Seefahrt den Blick auf „Palmen und weiße Häuser, wundervolle Villen in schattigen Gärten". Auf Flüssen tuckerte die „Holzpantine" ins Landesinnere. Plüschow unternahm zahlreiche Landausflüge; überall wurde gefilmt und fotografiert: Einheimische, Urwald, Rinder, Maniok- und Tabakplantagen.

Entlang der Küste segelten sie bis zur brasilianischen Hafenstadt Ilheos. Unterstützt vom britischen Konsul, fuhr Plüschow nahe der Stadt mittels einer Draisine in noch unerforschten Urwald, ritt des Nachts in Begleitung „durch dunkle Urwälder, unter flimmerndem Sternenhimmel, durch kleine, reißende Flüsse".

„Dort ist tropisches Wunderland, unberührt – bis eines Tages der Mensch mit Feuerbrand hereinbricht und den Urwald vernichtet", um Plantagen anzulegen, schrieb Plüschow. Damals hat es noch Seltenheitswert gehabt, dass jemand die „Vernichtung" der Natur beklagte und sie nicht nur aus Gründen der Bereicherung schätzte. Gehörte Plüschow zu den Vorläufern jener, welche die Natur schützten? Er bewunderte aber auch Siedler, die das Land urbar machten und beispielsweise Kakaopflanzungen anlegten.

Auf ihrem Kurs, der sie südwärts führte, schrammte die „Holzpantine" beinahe ein Riff. Die nächsten Stationen hießen unter anderem Rio de Janeiro, Porto Alegre, Montevideo und Buenos Aires. In Rio wurden sie von Deutschen begeistert empfangen, unternahmen Ausflüge ins Binnenland, filmten eifrig, besuchten deutsche Kolonisten, die vielfach im Elend lebten, flogen als Passagiere einer Junkers über der riesenhaften Metropole. „Arbeit, unermüdlicher Fleiß, vorwärts, vorwärts, hier hat niemand Zeit zu nutzlosen Dingen!"

Die oligarchisch-autoritären Strukturen in Brasilien, Monowirtschaft, extreme soziale Gegensätze, von der Unterdrückung der Ureinwohner zu schweigen, erwähnte Plüschow nicht, der oft nur die trügerische Fassade zur Kenntnis nahm.

Auch in Argentinien erwartete sie ein enormes Echo; hier traf Plüschow sogar „alte Kameraden aus frühester Kadettenkorpszeit, Marinekameraden, Kriegskameraden". Plüschow hielt Vorträge; das Buch „Segelfahrt ins Wunderland" riss man ihm „aus der Hand". In der Pampa besuchte er deutsche Grundbesitzer.

Allmählich näherte sich die „Feuerland", deren Skipper Plüschow gefährlich nahe unter Land blieb, dem berüchtigten Schiffsfriedhof Kap Hoorn. Bei einer kleinen Felseninsel wäre der Kutter, als der Motor ausfiel, beinahe aufgelaufen. „Da springe ich ans Ruder", berichtete Plüschow, „werfe es herum, wie ein Verzweifelter laufe ich an die Großschot".

Nur unter Segeln ging es weiter, immer angesichts der Gefahr, auf die Küste getrieben zu werden. Oftmals entrann das manchmal kaum manövrierfähige „willenlose Stück Holz" nur knapp dem Scheitern an einem Riff.

Vier Wochen ankerte die „Feuerland" im September/Oktober 1928 in einer kleinen Bucht, um Reparaturen auszuführen. Ende Oktober erreichte man fast das Ziel der Reise, die Magellanstraße in Feuerland, die 1520 der berühmte portugiesisch/spanische Seefahrer Ferdinand de Magellan (1480-1521) entdeckt hatte. (Die Magellanstraße verbindet den atlantischen Ozean mit dem Pazifik). Als Magellans spanische Schiffe 1520 durch diese Wasserstraße fuhren, sahen sie am Ufer zahlreiche Lagerfeuer dort lebender Indianer und nannten deshalb die Gegend „Feuerland".

Gegen heftige Winde kreuzend, lief die „Holzpantine" nach 10 000 Seemeilen (ca. 18 500 Kilometer) am 23. Oktober 1928 in ihrem letzten Zielhafen Magallanes (heute Punta Arenas) ein.

8.3 Erkundungen per Flugzeug und Boot

Feuerland ist eine Inselgruppe, die vom chilenischen Festland durch die Magellanstraße getrennt wird. Der größere westliche Teil Feuerlands gehört Chile, der kleinere östliche Argentinien. Etwa zwei Drittel der Gesamtfläche von 73 700 Quadratkilometern bilden die Hauptinsel „Isla Grande de Tierra del Fuego".

Schwere und häufige Stürme umtosen den feuerländischen Westteil, auf dessen Boden häufig starker Regen niederprasselt, während die Osthälfte zur Trockenzone gehört. „Zerrissen und zerzaust sind diese

Inseln", schrieb Plüschow, „bilden überall tiefe Risse, Buchten und Fjorde, eisbedeckte Gebirgszüge". Vielerots bedecken Urwälder die Landschaft.

Eben diese Unzugänglichkeit sorgte dafür, dass große Teile Feuerlands noch als unerforscht galten. Schon seit Kindertagen, betonte Plüschow 1929, habe er sich für diese wundersame Gegend interessiert, als er ein Foto sah, das einen deutschen Kreuzer zeigte, der nahe Feuerland ankerte.

Als Plüschow „ins (Lichterfelder) Kadettenkorps gesteckt und damit (seiner) köstlichen Freiheit beraubt wurde, als ich mich besonders stark aus den Mauern und Gittern dieses Gefängnisses heraussehnte", klammerte er sich an dieses Foto, das Plüschow an seinem Spind festgemacht hatte. Der rätselhafte Zauber Feuerlands habe ihn wesentlich motiviert, der Marine beizutreten.

Von Magallanes/ Punta Arenas aus unternahm Plüschow zunächst mit dem Kutter Fahrten in die nähere Umgebung. Bei alledem war auch Romantik im Spiel, wenn Plüschow Feuerland als „unerhörte Fata Morgana" beschrieb, die in der Sonne glitzerte und funkelte „wie eine ungeheure Gralsburg mit Zinnen und Zacken, weiß leuchtenden Domen und Türmen". Zunächst ging es darum, einen Stützpunkt zu finden, der die eigentliche Erkundung per Kutter und Flugzeug ermöglichen sollte.

Schon jetzt begannen die Filmarbeiten, bei denen sich „Garibaldi" hervortat, den vor allem Gletscher interessierten. „Kein Laut, kein Ton", notierte Plüschow, „stört diese paradiesische Schönheit und Stille".

Damals lebten nur noch wenige indianische Ureinwohner, Yamanas und andere Stämme, die schon vor Jahrtausenden hierhergekommen waren und nun aufgrund des Eindringens weißer Kolonialisten nahezu ausgestorben waren. Hatten die Yamanas Feuerland etwa nicht erkundet? Charles Darwin, der 1832 nach Feuerland kam, hat über die Ureinwohner, die ihm „unbegreiflich wild" vorkamen, berichtet. Bei Plüschow heißt es lapidar: „Nirgends wohnt ein Mensch!"

Immerhin hat Plüschow der alten Feuerländer gedacht und darüber geklagt, dass sie „vergangen, vernichtet, ausgerottet sind, Menschen, denen ehemals dies ganze Land gehörte".

Nahe dem Agostinifjord entdeckten sie eine kleine Bucht, die sie „Hafen der Träume" nannten und als „Flughafen" besonders geeignet schien. Ernst Dreblow war mit dem Dampfer „Planet", der das Wasserflugzeug transportierte, schon mehrere Monate vor Plüschow in Magallanes angekommen. Das Flugzeug war noch nicht zusammengebaut - Rumpf, Tragflächen, Schwimmer und Motor waren teils in einem extra gebauten Verschlag untergekommen, teils lagerten sie in einer chilenischen Militäreinrichtung.

12 Tage lang dauerte die Erkundungsfahrt der „Holzpantine", auf der reichlich gefilmt wurde, ehe sie nach Magallanes zurückkehrten. Plüschow und Dreblow gingen daran, das Flugzeug startklar zu machen. In schwerer Arbeit wurde die stoffbespannte, mit einem BMW-Motor ausgerüstete Maschine aufgebaut. Eines Tages stand der Doppeldecker „glänzend in der Abendsonne"; gleich der erste Probeflug verlief wunschgemäß. Im Hafenbecken wurde der „Silberkondor" an einer Boje vertäut.

Bei ihrem ersten `Forschungsflug´ überquerten Plüschow und Dreblow in 2500 Meter Höhe die „Darwinkordillere" der Feuerland-Hauptinsel. Deren nördlicher Teil bestand aus Pampa, im Süden lag ein „ungeheurer, undurchdringlicher, gebirgsdurchzogener, zu einem dichten Netz verflochtener Urwald". Gletscher ragten empor, „um dann mit hohem Fall ins Meer zu stürzen". Plüschow glaubte zu sehen, „was vor uns noch nie eines Menschen Auge sah". An einem bestimmten Punkt vermochte Plüschow vom Flugzeug aus gleichzeitig beide Ozeane und das Kap Hoorn zu erkennen.

Als Erster habe er Feuerland überflogen und nachgewiesen, „dass man hier fliegen kann, wir sind damit Bahnbrecher für die hinter uns Kommenden". Auch

79

in „Argentinisch-Feuerland" wurden sie stürmisch empfangen: „Viva Alemania!"

Dass diese schroffe Weltecke auch für Flugzeuge sehr gefährlich ist, spürten sie erstmals nahe der Valdivia-Gebirgskette: mächtige Fallböen erfassten den Doppeldecker. Nur mühsam konnte Plüschow einen Absturz verhindern. In der großen Flughöhe drohte, weil Plüschow und Dreblow in einem offenen Cockpit saßen, außerdem die Erfrierung.

Wegen des schlechten Wetters, zumal auch eine behördliche Genehmigung fehlte, benutzte Plüschow Ende 1928 das Flugzeug nicht. Stattdessen setzte er die Erkundungen des feuerländischen Archipels mit dem Kutter fort. Gefilmt wurde auch die einheimische Tierwelt, beispielsweise Guanos und Möwen. Am Marinelli-Gletscher lief die „Feuerland" auf Grund, kam jedoch bei der nächsten Flut wieder frei. Regelmäßig wanderte ein „Filmschub" nach Deutschland zum Ullstein-Verlag.

Plüschow unternahm eine Expedition mitten durch den Urwald. „Bäume, Äste und Unterholz, immer geheimnisvoller, immer schauriger wird dieser Wald, riesenhaft sind die Bäume, ich bin sicherlich der erste Mensch, der hier eindringt". Er gelangte in einen „Bergkessel" der wildesten Natur: „Gletscher, Wald, Felsen, subtropische Üppigkeit".

Weihnachten 1928 feierte die gesamte Crew an Bord der „Feuerland"; nun lag auch wieder eine Fluggenehmigung vor. Um die Jahreswende 1928/29 brachen sie mit Flugzeug und Kutter bei stürmischem Wetter zu einer neuen Entdeckungstour auf. „Wir kurbeln und knipsen tagelang". Sie betraten die Insel Dawson, einst der letzte Fluchtpunkt der feuerländischen Ureinwohner; nur noch wenige, jetzt „zivilisierte" Abkömmlinge der Indios lebten an diesem Ort.

Auch vom Flugzeug aus wurde gefilmt; diese Aufgabe übernahm Ernst Dreblow. Die weißen Flecken der Landesstruktur wurden erstmals kartografiert. Immer wieder kam es dabei zu dramatischen Situationen; einmal packte „ein furchtbarer Stoß, eine schwere Fallböe" das Flugzeug, das beinahe „wie ein willenloses Blatt unten auf dem Gletschereis zerschellt" wäre. In diese Not gerieten sie, als Plüschow gerade den höchsten feuerländischen Berg, den Sarmiento, überflog.

Plüschows `Heroismus" haftete seit jeher eine bedenkliche Kehrseite an. Dem Entschluss, das sehr hohe Risiko nicht zu scheuen, fiel der leidenschaftliche Mann am Ende zum Opfer. Angesichts der vielfältigen Gefahren hatte das Leben für Plüschow „nicht mehr den ungeheuren Wert, den es für gewöhnliche Sterbliche in ihren gemütlichen Betten hat".

Plüschow und Dreblow definierten sich als „Schönheitssucher"; noch heute spürt der Leser die magische Faszination, die ihre Entdeckungen per Schiff und Flugzeug in den Gemütern vieler Menschen auslöste.

Allerdings fehlte ihnen, da sie wenig über Flora, Fauna und Geologie wussten, die notwendige wissenschaftliche Systematik. James Cook hatte bei seinen Entdeckungsfahrten im 18. Jahrhundert Biologen und Astronomen an Bord; hingegen filmte und fotografierte Plüschow, was ihm gerade vor die Linse kam. Vermutlich hatte Plüschow recht, wenn er meinte, dass er vor allem ein Pionier der Naturentdeckung durch das Flugzeug sei.

Ein besonderer Höhepunkt war der Flug über die Eisspitze des Monte Buckland, der Darwinkette und den Martinezfjord, ständig umtost von Böen und mörderischen Fallwinden.

Auf einer der letzten Expeditionen in Feuerland schleppte Plüschow den „Silberkondor" mit seinem Kutter hinter sich her, um teures Flugbenzin zu sparen. Die Fahrt ging in den Negrifjord, wo der Negri-Gletscher gefilmt werden sollte. Dort gerieten sie in einen schweren Sturm, bevor sie den besonders schönen Gletscher untersuchen und filmen konnten.

8.4 Abschied vom Feuerland und weitere Entdeckungen

Im Februar 1929 begann ihr wohl größter „Feuerlandflug". In 2000 Meter Höhe lag das gesamte, „in Eis und Schnee und Gletschern und grünen Wäldern schimmernde und glitzernde Feuerland!" Auch an solchen Formulierungen ist zu erkennen, dass Plüschow und sein Expeditionsteam den Blick auf die ästhetische Faszination der Natur ermöglichen wollten. Sie flogen vom Monte Sarmiento im Westen quer über das Feuerland bis zur argentinischen Stadt Ushuaia am Beagle-Kanal.

Wieder glaubte Plüschow, Landschaften zu sehen, die vor ihm noch kein anderer erblickt habe. „Eis, Eis, riesige Schneehalden, wild zerklüftete Bergmassen, unbekannte kreisrunde Seen", wohin das Auge sah, alles festgehalten auf Zelluloid. Sie landeten wohlbehalten bei Ushuaia. Zuletzt überflogen sie als erste Menschen das in der Seefahrt so berüchtigte Kap Hoorn, das in der Wasserwüste des arktischen Ozeans eingehüllt von „schäumender Brandung" lag, ehe sie nach Magallanes zurückkehrten.

So endete Plüschows erste und wichtigste Feuerland-Expedition. „Unendlich schwer" fiel Plüschow der Abschied, aber Telegramme des Ullstein-Verlages hätten ihn zurückbeordert. Außerdem waren seine finanziellen Möglichkeiten restlos erschöpft. Eine

Heimfahrt mit der „Feuerland", die er gern angetreten hätte, war aus Zeitknappheit nicht mehr zu realisieren.

Im März 1929 wollten Plüschow und Dreblow über das im festländischen Südpatagonien gelegene Gebirgsmassiv Cerro Paine fliegen, das Plüschow schon 1926 auf seiner ersten Südamerikareise interessiert hatte. Die beiden Entdecker flogen zunächst zum Lago (See) Sarmiento de Gamboa und gerieten wegen schlechten Wetters beinahe in Luftnot. Bis in den April bleiben sie an dem See und überflogen schließlich den Cerro Paine.

Mühselig reparierten sie hinterher den schadhaften Motor, starteten wieder und erkundeten noch unerforschtes Gebiet, eine Landschaft voller Eis und Berge, nahe dem Lago Argentino.

Nach einem letzten Alleinflug Plüschows wurde der „Silberkondor" in Porto Natales abgestellt; im nächsten Südsommer wollte Plüschow zurückkehren, wieder fliegen, seine Expeditionen fortsetzen. Die „Feuerland" wurde verkauft, allerdings unter der Maßgabe, dass der neue Eigner die alte Besatzung übernehmen sollte, damit die „Feuerland" Plüschow bei einer neuen Expedition wieder zur Verfügung stand. Dreblow und Garibaldi blieben noch vier Wochen in Porto Natales, weil sie den „Silberkondor" einzulagern hatten.

Plüschow reiste im Mai 1929 ab; ein Laeisz-Dampfer brachte ihn nach Deutschland zurück; im Juli betrat er wieder deutschen Boden. Fast zwei Jahre hatte die Expedition gedauert: 25 000 Meter Film und Material für ein neues Buch lagen nun bereit.

8.5 Aufarbeitung der Reise

Ein Jahr lang blieb Plüschow in Deutschland und widmete sich der filmischen und literarischen Bearbeitung der letzten Reise. Entgegen manchen Ratschlägen stellte Plüschow erneut einen Stummfilm her; langsam trat der Tonfilm in den cineastischen Vordergrund. In einem Kino am Kurfürstendamm (wahrscheinlich Zoopalast) wurde Plüschows Film „Silberkondor über Feuerland" uraufgeführt, der genauso hieß wie das gleichnamige, Ende 1929 veröffentlichte Buch.

Die Resonanz war gewaltig; die ersten Monate verlebte Plüschow in einem „Rausch von Glück, strahlenden Festen und betäubendem Beifall". Wieder empfing ihn Hindenburg. Außerdem hielt Plüschow Vorträge in Marine- und Luftfahrtkreisen, aber auch vor Wissenschaftlern und Wirtschaftsexperten.

Plüschow hatte mit Geologen gesprochen und glaubte, „dass dort, wo ich meine Forschungsflüge wieder aufnehmen werde, die Hauptadern wertvoller Metalle sich finden". Insbesondere erwartete

Plüschow, Erdöl zu finden und dachte dabei vor allem an die Hochkordilleren im südlichen Patagonien, „die ich mit dem Flugzeug und mittels Faltboot erforschen werde!" (Tatsächlich wird heute an der Magellanstraße Erdöl gefördert). Geologische und geophysikalische Studien in Feuerland vorzunehmen, bedachte er ebenso wie die Möglichkeit, in Patagonien einen deutschen Flugdienst aufzubauen.

Die chilenische und argentinische Regierung hätten ihm zugesagt, dass er neu entdecktes Land auf 99 Jahre pachten dürfe. „Über allem aber, was ich finden werde, Goldclaims, Erdöl, Weideland, werde ich meine alte deutsche Flagge wehen lassen", womit er vermutlich die Fahne des deutschen Kaiserreichs meinte. Wollte Plüschow in Südamerika ein waghalsiges pseudokoloniales Programm realisieren, das Konzepte der wilhelminischen Ära neu belebte, gar ein amerikanisches Tsingtau?

Trotz seiner Verheißungen gelang es Plüschow offenbar nicht, Kreise der Wirtschaft oder andere potentielle Geldgeber zu begeistern. Er konnte ihre Skepsis nicht zerstreuen, war zu ungeduldig und blieb daher finanziell auf sich allein gestellt. Ein Verhängnis bahnte sich an, das seine Frau Isot als „vorwärtsstürmendes Draufgängertum" eines „Wikingers" skrupellos heroisierte.

Zur gleichen Zeit planten die USA, ein ähnliches Forschungsprogramm in Feuerland durchzuführen. Mehrere Flugzeuge sollten eingesetzt werden, und die Amerikaner boten Plüschow sogar an, dieser Unternehmung beizutreten, doch lehnte er ab, weil er seine „Claims" für Deutschland abstecken wollte. Jene amerikanische Konkurrenz, die mit ungleich besserer Ausstattung versehen war, fürchtete Plüschow; ihm eilte die Zeit davon.

Alles sollte nun schnell gehen. Überhastet und ohne genügende Vorbereitung brach Plüschow gemeinsam mit Ernst Dreblow im Juli 1930 auf; sie gingen an Bord des Südamerikadampfers „Baden". Letztmalig nahm Plüschow von seiner Familie Abschied.

Am 27. Juli 1930 schickte Plüschow Isot ein Telegramm, in dem er sich ernsthaft mit Julius Cäsar, den ebenfalls enormer Ehrgeiz geleitet habe, verglich und hinzufügte: „Ich komme immer mehr zu der Überzeugung, dass Männer, die etwas Außergewöhnliches in sich fühlen und wollen, unverstanden, im tiefsten Innern allein mit sich selbst sind und es bleiben müssen, wenn sie, unbeirrbar auf ihr Ziel losgehend, ihre Idee zum Siege führen wollen".

Erst „wägen, dann wagen", hätte wohl der alte Moltke geantwortet. Ohne Ehrgeiz kann man nichts Großes erreichen, aber Tod und Verderben lauern, wenn das rationale Kalkül auf dem Altar der Ruhmsucht geopfert wird.

9. Die zweite Flugexpedition und Plüschows Tod
9.1 In Argentinien und Chile

Erst einmal ging Plüschow in Argentinien und Chile auf eine Werbetour. Im Mai 1930 hatte Plüschow in den Filmstudios von Babelsberg den spanischen Regisseur Armand Guerra kennengelernt, der Plüschows neues Buch ins Spanische übersetzte. Auch in Südamerika fand der deutsche Entdecker viele begeisterte Leser.

Anfang September 1930 führte Plüschow in Buenos Aires den Silberkondor-Film in der Universität vor. „Stürmischer Beifall" sei ihm zuteil geworden. Die deutsche Botschaft lobte Plüschow für diese „Propagandarbeit", mit der er Deutschland einen großen Dienst erweise. In diesen Tagen fand in Argentinien ein Staatsstreich des ultrarechten Generals Uriburu statt, ohne Plüschows Erfolg zu stören. Wie der „Tsingtauer" die politische Situation beurteilte, ist ungeklärt. Auch andernorts, etwa im „Deutschen Club" von Buenos Aires, wurde Plüschows Film gezeigt.

In Argentinien versuchte ein Vertreter der US-amerikanischen „Geographischen Gesellschaft", Plüschow erneut für die Feuerland-Expedition der

USA anzuwerben. Plüschow lehnte ab, wusste nun aber endgültig, dass ihm die Amerikaner, deren Vorbereitungen vor dem Abschluss standen, im Nacken saßen.

„Ich komme Ihnen auch diesmal wieder zuvor", schrieb er Isot. „Ich schaffe es allein und auf mich gestellt – und für Deutschland". In Südamerika hätten die Amerikaner „alles in (ihren) Händen", doch würden ganz im Süden des Kontinents „in Zukunft nur deutsche Flugzeuge fliegen!!!". Jedoch beabsichtigten auch Franzosen, eine (Post)fluglinie im Süden des amerikanischen Kontinents einzurichten: Laconte-Aeroposta.

Mit der Eisenbahn fuhr Plüschow weiter nach Santiago de Chile, das er am 23. September 1930 erreichte. Die Chilenen begingen ihr „alljährliches Nationalfest" der Unabhängigkeit, das Plüschow zum Anlass nahm, die Chilenen dafür zu loben, dass „jeder Parteiunterschied ausgeschaltet" sei. „Hier ein einziges geschlossenes Volk, von einem Geist beseelt, unter einer Flagge geeint – und dort – in der Heimat??" Deutlicher hätte er seine Geringschätzung der deutschen Republik schwerlich bekunden können.

Am 28. September empfingen ihn der chilenische General und Diktator Ibanez und dessen Minister. Plüschow führte ihnen seinen Film vor, der auch hier „stürmischen Beifall" erhielt. Ibanez erteilte seinem

Außenminister die Weisung, Plüschow „jede ge-
wünschte Unterstützung angedeihen zu lassen".

9.2 Ungeduld und vorzeitiger Tod

Im Oktober reiste der Deutsche per Schiff weiter
nach Magallanes, dann mit dem Auto zum Flugzeug
in Porto Bories bei Porto Natales, wohin Ernst Dreblow bereits vorausgeeilt war.

Auf Plüschow wartete eine böse Nachricht. Das
Flugzeug hatte die letzten 18 Monate nicht gut überstanden; ein „ganzes Nest fetter Ratten" hatten die
linke untere, mit Leinwand bespannte Tragfläche
zerfressen. Plüschow und Dreblow konnten die Repa-
ratur nicht selbst im notwendigen Umfang durchfüh-
ren; andererseits hätte es etwa 40 Tage gedauert, ehe
aus Deutschland das notwendige Ersatzteil gekommen wäre, und die Amerikaner standen vor der Tür.
Zwar orderte Plüschow mittels eines Telegramms bei
den Flugzeugwerken in Warnemünde eine neue Tragfläche, wollte aber bis zum Eintreffen der neuen Tragfläche nicht warten - und widerrief die Bestellung!

Aus Gründen der Zeit- und Geldnot sollte nun aus
eigener Kraft die kaputte Tragfläche instand gesetzt
werden. „Ich kann auf die Tragfläche nicht warten,
die Zeit rinnt mir unter den Händen weg". Dank des
Geschicks vor allem Dreblows konnte die Tragfläche
notdürftig geflickt werden.

Viel spricht dafür, dass er aus Angst, andere könnten ihm zuvorkommen, die Gebote der Vorsicht vernachlässigte. „Ich bin doch eigentlich ein armes Luder", klagte Plüschow, weil ihm jede staatliche Unterstützung fehle. Sobald er seine Feuerlandmission abgeschlossen habe, wolle er auf „Tournee über Bolivien, Peru, Alaska" und die USA gehen, in der Erwartung, dabei Geld zu verdienen.

Am 13. November 1930, als auf der Südhalbkugel der Frühling begann, unternahm Plüschow den ersten Flug mit dem reparierten „Silberkondor", der ihn zum Lago Sarmiento de Gamboa am Cerro Paine brachte. Um Gewicht zu sparen, folgte ihm Dreblow mit einem Motorrad.

Bei alledem unterstützte sie der Gutsverwalter Richard Lauezzari, der ihnen schon bei der ersten Expeditionsreise Beistand geleistet hatte. Auf seinen Rat hin errichteten sie ein „Fluglager" in der „Bucht Tsingtau" am Lago Sarmiento. Plüschow wollte Filmaufnahmen über den Eisfeldern im südlichen Patagonien drehen, aber noch mehr interessierten ihn die Gebirgsmassive der Hochkordilleren. Schafhirten transportierten Plüschows Filmmaterial zu Lauezzari. Dieser brachte sie zum deutschen Konsul in Magallanes, der sie nach Deutschland absandte.

Sehr oft kämpfte Plüschow mit ungünstigem Wetter; dann bereiteten ihm auch noch die chilenischen

Behörden Probleme, die ihm unterstellten, im Auftrag der deutschen und/oder argentinischen Regierung zu spionieren. Ein „kaiserlicher Offizier" spioniere nicht, entgegnete er. Dabei hatte Plüschow diese Landschaft als deutsches Rohstofflager durchaus im Blick.

Trotzdem zogen sich Plüschow und Dreblow auf argentinisches Gebiet zurück, um etwaigen Streitereien auszuweichen - auch deshalb, weil chilenische Experten den „Silberkondor" auf seine Flugtauglichkeit untersuchen wollten. Fortan flogen und filmten sie in der Nähe des Viedma-Gletschers und am Lago Argentino, ein See von der dreifachen Größe des Bodensees, der nördlich des Feuerlands zwischen den Anden und der Pampa liegt.

Am Lago de Viedma und am Lago de Argentino errichteten Dreblow und Plüschow weitere Fluglager. Um Notfällen gewappnet zu sein, deponierten sie noch bei anderen Seen jeweils mehrere Benzinkanister. Ende 1930 drehten sie erneut tausende Meter Film, überflogen „unerforschtes Gebiet", gerieten jedoch oft in Schlechtwetterphasen.

Der „Silberkondor" erlitt ständig neue Schäden, sodass Dreblow, dem kaum Ersatzteile zur Verfügung standen, fast pausenlos basteln und flicken musste. Die Kälte und die Fallwinde im Hochgebirge bereiteten dem Flugzeug schwere Probleme. Dessen ungeachtet wollte Plüschow „weiter nach Norden und Westen in die unbekannten und unerforschten Eisregionen eindringen. Unendliche Einsamkeit und Ruhe liegt über der Natur".

Immer wieder zwangen ihn Schnee und Wolken zur Umkehr. Während eines Flugtages knipsten und drehten die beiden „80 Luftfotos und 200 Meter Film von rund 250 qkm unerforschtem Gebiet!"

Unermüdlich drängte er weiter, obwohl ihn Ernst Dreblow warnte. „Dreblows Stimmung ist knurrig und brummig, was ich verstehen, aber nicht dulden kann". Der Untergebene darf murren, parieren muss er trotzdem. Nie bemerkte Plüschow, dass er den Bogen überdehnte. Nochmals entrann er knapp einer Katastrophe. „Ringsum Eisdome und Felswände, an denen wir zerschmettert wären, wenn nicht wie durch ein Wunder Sogwinde im letzten Augenblick Auftrieb gegeben hätten". Alle Menetekel ignorierte Plüschow, der wie ein Getriebener, wie ein Süchtiger wirkte.

Am 26. Januar 1931 machte er eine Bruchlandung auf einem kleinen Gebirgssee; ein Schwimmer und andere Teile der Maschine wurden dabei beschädigt und notdürftig ausgebessert. Der „Silberkondor" war beinahe schrottreif. Nochmals starteten Plüschow und Dreblow am 28. Januar und flogen in Richtung Lago Argentino. Dort ereilte sie ihr Schicksal.

93

Hirten einer am Lago Argentino gelegenen Farm beobachten noch am gleichen Tag, *„wie ein Flugzeug in 600 Meter über den linken Flügel abrutschte und sich dauernd überschlagend in den See stürzte. Aus dem trudelnden Flugzeug sprang eine Person ab, die sich an dem sich öffnenden Fallschirm festhielt, jedoch losließ, wohl infolge Versagens der Kräfte, wurde später als Dreblow festgestellt, wenig später löste sich ein zweiter Körper vom Flugzeugrumpf, an dessen Hecksteuer sich Fallschirmstricke verwickelt hatten, und stürzte in die Tiefe. Nach dreistündigem Suchen wurde Plüschow zerschmettert in den Felsen aufgefunden"*. Von der Maschine blieben nur Trümmer mit der Aufschrift „Tsingtau" übrig.

Dass Plüschow und Dreblow verunglückten, ist auf Plüschows Ruhmsucht zurückzuführen, der keine Maßregeln der Vorsicht gelten ließ und eine im Grunde fluguntaugliche Maschine benutzte. Beider Tod ist weder notwendig noch ein Zufall gewesen. Die Ursache war Plüschows Sorge, dass ihm andere den Rang ablaufen könnten.

Schon oft war Plüschow – als Seemann und Flieger - nur mit viel Glück dem Tod entkommen. Plüschows vortrefflicher Tüchtigkeit haftete eine finstere, oft ignorierte Schattenseite an. Generell wohnt der überspannten Dynamik des Abendlandes eine Tendenz zur Selbstzerstörung inne.

Welche wissenschaftliche Bedeutung Plüschows Reisen hatten, ist schwer einzuschätzen, da ihn besonders die Schönheit der Natur, die er auf Zelluloid bannte, um andere daran teilnehmen zu lassen, ebenso das Abenteuer begeisterten. Jedenfalls demonstrierte Plüschow, dass Flugzeuge ein hervorragendes Mittel auch der wissenschaftlichen Forschung sind. Dass ein ehemaliger Militärflieger der Weltöffentlichkeit zeigte, wie sinnvoll man die moderne Technik nutzen kann, ist vielleicht sein größtes Verdienst.

In einer (mittlerweile geschlossenen) Webseite hieß es, dass Plüschow 1930 Guntolf geschrieben habe, dass Forscher wichtiger seien als Generäle. Selbst wenn ein solcher Brief existieren sollte und Plüschow möglicherweise Skrupel hinsichtlich des Krieges belasteten, ist nicht zu verkennen, dass der `Wilhelminer` und „kaiserliche Offizier", der sogar neuen Kolonialbesitz begehrte, die deutsche Republik konsequent ablehnte.

Insofern repräsentiert auch Plüschow einen Typus, der in Deutschland recht oft anzutreffen ist, der große Fähigkeiten aufweist, die volle Anerkennung verdienen, dem aber die notwendige historisch/politische Urteilskraft und das gesunde Augenmaß fehlen.

10. Das Nachleben: gefeiert, vergessen, neu entdeckt

Jene Filme, die Plüschow während seiner letzten Expedition drehte, gelten als verschollen. Man geht davon aus, dass Plüschows Filme Deutschland erreichten; ihr Verbleib ist ungeklärt. (Der noch kurz vor dem Absturz gedrehte Film wurde bei dem Flugunfall offenbar zerstört). Auch insofern ist Plüschows letzte Expedition gescheitert.

In Buenos Aires fand eine Trauerfeier zu Ehren Plüschows und Dreblows statt. Die beiden Toten wurden eingeäschert und nach Berlin überführt.

Isot Plüschow, die sich „Frau Gunther Plüschow" nannte, sandte am 10. März 1931 einen Brief an Berlins Oberbürgermeister Arthur Scholz, den sie bat, ihrem verstorbenen Mann „eine würdige Grabstätte möglichst in der Nähe meines Wohnsitzes in Schöneberg" zu verleihen (Landesarchiv Berlin, A Rep. 001-02 Nr. 3597).

Auch Reichspräsident Hindenburg bekundete in dieser „Angelegenheit sein besonderes Interesse", ebenso das deutsche Auswärtige Amt, „weil Plüschow in Südamerika das deutsche Ansehen durch seine Tätigkeit stark gefördert hat" (ebd.).

Die zuständige Abteilung des Berliner Magistrats schlug Isot Plüschow drei Friedhöfe vor, auf denen Plüschows Urne beigesetzt werden konnte. Sie wählte den Parkfriedhof Lichterfelde. Das Grabmal stiftete der Ullstein-Verlag. Die Berliner Stadtverwaltung erhielt keine Einladung zur Beerdigungsfeier. (ebd.).

Am 16. Mai 1931 wurden die Urnen von Gunther Plüschow und Ernst Dreblow auf dem Parkfriedhof in Lichterfelde in einem „Ehrengrab" beigesetzt. Die Urne Dreblows wurde 1935 auf den protestantischen Friedhof von Rathenow umgebettet. Isot starb 1979 in Berlin; man bestattete sie an der Seite ihres Mannes. Guntolf wanderte nach Kanada aus.

Den 1929 verkauften Segelkutter „Feuerland" hat Plüschow 1930/31 nicht mehr benutzt, obwohl er sich diese Möglichkeit vorbehalten hatte. Zwei der deutschen Seeleute, die für Plüschow gearbeitet hatten, fuhren noch jahrelang auf der „Holzpantine". Die „Feuerland" wurde in „Penelope" umbenannt und transportierte Schafe und andere Tiere. Etwa seit dem Zweiten Weltkrieg verlor sich ihre Spur.

Erst 1992 entdeckte ein deutscher Tierarzt auf den Falkland-Inseln dieses Schiff, das immer noch benutzt wurde. Seit 1949 hatte es mehrfach den Besitzer gewechselt. Im Jahr 2006 übernahm der deutsche Seemann Bernd Buchner die „Penelope", die er in „Feuerland" rücktaufte und nach Deutschland brachte. Mittlerweile ist die „Feuerland" restauriert worden.

1931 erhielt eine Straße in Berlin/Zehlendorf den Namen „Gunther Plüschow"; in Kiel/Holtenau gibt es einen „Plüschowhafen". 1936 benannte die Luftwaffe ein Flugsicherungsschiff „Gunther Plüschow". In der Zeit des „Dritten Reichs" wurde seiner vor allem als „Flieger von Tsingtau" gedacht. „Plüschow über Tsingtau", hieß 1941 ein Buchtitel.

In Deutschland verschwand er seit 1945 aus dem Gedächtnis, während Argentinien und Chile sein Andenken pflegten. In Punta Arenas existiert ein „Gunther-Plüschow-Platz". Das argentinische Parlament veranstaltete im Oktober 2007 eine Feierstunde, um Plüschow zu ehren; am Lago Argentino steht ein Plüschow-Denkmal.

Etwa seit 2006, anlässlich seines 75-jährigen Todestages, wurde in Deutschland an Plüschow erinnert. In mehreren deutschen Städten war eine Wanderausstellung über ihn zu sehen, 2008/09 zeigte das Luftwaffenmuseum in Berlin/Gatow eine Ausstellung mit dem Titel: „Gunther Plüschow – ein Flugpionier". Ein „Freundeskreis Gunther Plüschow" renovierte 2009 die Lichterfelder Grabstätte; zu erwähnen ist ebenso der „Förderkreis Kulturdenkmal Expeditionsschiff Feuerland". Bis 2007 gab es in Mendig eine „Gunther-Plüschow-Kaserne".

11. Literatur

Gunther Plüschow, Die Abenteuer des Fliegers von Tsingtau, Berlin 1916, Neuauflage 1939

Ders., Segelfahrt ins Wunderland. Im Reiche der Papageien und Guanakos, Berlin 1926

Ders., Silberkondor über Feuerland. Mit Segelkutter und Flugzeug ins Reich meiner Träume, aktualisiert und fortgeschrieben von Hans Georg Prager, Hamburg, Berlin, Bonn, überarbeitete Neuauflage 2007

Isot Plüschow, Gunther Plüschow, deutscher Seemann und Flieger. Das Bild seines Lebens, Berlin 1933

Anton Rippon, Gunther Plüschow. Airman, Escaper, Explorer, South Yorkshire, England 2009 - (behandelt vor allem die Flucht Plüschows aus Großbritannien)

Rolf-Harald Wippich, Vom bewunderten Vorbild zum „Wegelagerer im Solde Englands". Das Japanbild des Militärs und Diplomaten Albert Schinzinger im Ersten Weltkrieg, in: Zeitschrift für Geschichtswissenschaft, Heft 4, 2016, S. 341-360

Robert E. Whittaker, Dragon Master. The Kaiser`s One-Man Air Force in Tsingtau, China, 1914,

Cleveland 1994 – (untersucht besonders Plüschows Kriegseinsatz in Tsingtau)

Landesarchiv Berlin, A Rep. 001-02, Magistrat der Stadt Berlin, Nr. 3597

Copyright 2025 Rolf Helfert
Verlag: BoD · Books on Demand GmbH, In de Tarpen 42,
22848 Norderstedt, bod@bod.de
Druck: Libri Plureos GmbH, Friedensallee 273,
22763 Hamburg
ISBN: 978-3-7597-1354-4